0.1.2歳児 保育アイディア100 改訂版

あそび / 生活 / 環境 / 保護者支援

この本は、「あそびと環境0.1.2歳」の指導計画で紹介した、各年齢担当園の実践をまとめたものです。

※本書は2015年3月に刊行した『0.1.2歳児 保育アイディア100』の改訂版です。記述の見直しを行い、一部改訂を加えています。

編著 「あそびと環境0.1.2歳」指導計画チーム

Index & Search

それぞれのあそびについて、対象年齢やオススメの時期から逆引きできる索引付きです。

ページ		0歳児	1歳児	2歳児	春	夏	秋	冬
	からだあそび							
6	変わりトンネル	●	●	●	●	●	●	●
7	押し箱	●	●	●	●	●	●	●
8	押せ押せトラック	●	●	●	●	●	●	●
9	バランスお手玉		●	●	●	●	●	●
10	提げるおもちゃ	●	●	●	●	●	●	●
11	「どんどんばし」		●	●	●	●	●	●
12	鉄棒あそび			●	●	●	●	●
13	風船ジャンプ			●	●	●	●	●
14	ボールあそび		●	●	●	●	●	●
16	サーキットあそび		●	●	●	●	●	●
	てゆびのあそび							
18	ビリビリボード	●	●	●	●	●	●	●
20	つながるハンカチ	●	●	●	●	●	●	●
21	引っ張りボード	●	●	●	●	●	●	●
22	変わり穴落とし	●	●	●	●	●	●	●
25	うさぎファスナー		●	●	●	●	●	●
26	くるくるふた回し		●	●	●	●	●	●
27	紙パックのこま回し			●	●	●	●	●
28	スナップのおもちゃ		●	●	●	●	●	●
29	フェルトのボタンはめ		●	●	●	●	●	●
30	ぺたぺたシール		●	●	●	●	●	●
31	ひも通しで作るすだれ		●	●	●	●	●	●
32	フェルトのひも通し			●	●	●	●	●
	うたあそび							
34	「いもむしごろごろ」	●	●	●	●	●	●	●
35	「うまはとしとし」	●	●		●	●	●	●
36	「だるまさん」	●	●	●	●	●	●	●
37	「めんめん すーすー」	●	●	●	●	●	●	●
38	「こりゃどこのじぞうさん」	●	●	●	●	●	●	●
39	「だっこしてギュー！」	●	●	●	●	●	●	●
40	「おすわりやす」		●	●	●	●	●	●
41	「おふねがぎっちらこ」		●	●	●	●	●	●
42	「どてかぼちゃ」			●			●	
43	「おちょず」	●	●	●	●	●	●	●
44	「ずくぼんじょ」		●	●	●			
45	「かれっこやいて」	●	●	●			●	●

ページ		0歳児	1歳児	2歳児	春	夏	秋	冬
46	「うちのうらの」		●	●	●			●
47	「おはようのうた」	●	●	●	●	●	●	●
48	「どうぶつえん」	●	●	●	●	●	●	●
50	「かにどん かにどん」		●	●		●		
51	「きゅきゅキュウリメロンロン」		●	●		●		
52	「もちっこやいて」	●	●	●				●
53	「こっちのたんぽ」	●	●	●	●	●	●	●
54	「おてぶしてぶし」	●	●	●	●	●	●	●
55	「じーじーばー」	●	●		●	●	●	●
56	「いっぴきちゅう」	●	●	●	●	●	●	●
57	「にぎり ぱっちり」	●	●	●	●	●	●	●
58	「うえからしたから」	●	●	●	●	●	●	●
59	「ゆすらんかすらん」	●	●	●	●	●	●	●
60	「だんごむしたいそう」		●	●	●	●	●	
62	「むっくり熊さん」		●	●			●	●
63	「おちた おちた」		●	●	●	●	●	●
64	「象さんとクモの巣」		●	●	●	●	●	●
	造形あそび							
66	ウォーターマット	●	●	●		●		
67	スポンジあそび	●	●	●		●		
68	氷あそび		●	●		●		
69	小麦粉粘土		●	●	●	●	●	●
70	たんぽあそび		●	●	●	●	●	●
72	綿棒ペインティング			●	●	●	●	●
73	はじめてのはさみ			●	●	●	●	●
74	製作あそび・花火		●	●		●		
75	折り紙ツリー		●	●				●
76	車作り		●	●	●	●	●	●
	シアターあそび							
78	いない いない ばあ	●	●	●	●	●	●	●
79	「ぶんぶんぶん」	●	●	●	●	●	●	●
80	「むすんでひらいて」	●	●	●	●	●	●	●
82	ミルク缶シアター	●	●	●	●	●	●	●
83	「あめふりくまのこ」		●	●			●	
84	「お月さまえらいの」		●	●			●	

安全にあそび・活動を行うために

● 本書で紹介する製作物は、保育者の下で使用することを想定しています。特に口に入る大きさの材料を使用するときは、誤飲に注意し、必ずそばで見守ってください。
● 製作物を使用する前に、破損・変形・汚れなどがないか確認し、異常があったら使用しないでください。
● 長いひも状の物を使用するときは、手指や身体に巻きつかないように注意してください。
● 絵の具・でんぷんのりなど直接手で触る物や食品を扱うときは、必ずアレルギーの有無を確認してください。また、紙パックなどの食品用の容器を使用するときも、よく水で洗い、乾かしてから使用してください。

Index & Search

ページ		0歳児	1歳児	2歳児	春	夏	秋	冬
	つもり・ごっこ							
86	ままごとあそび		●	●			●	●
88	出窓付き段ボールの家			●			●	●
89	洗濯あそび			●		●		
90	病院ごっこ			●				●
91	変わりかくれんぼ		●	●				●
92	劇ごっこ「のせて のせて」	●		●				●
93	追いかけあそび		●	●				●
94	バスに乗ろう			●		●		
95	運動会ごっこ			●			●	
96	「がらがらどん」あそび			●				●
	環境アイディア							
98	安心スペース「いろり」	●	●	●	●	●	●	●
99	L字ブロック	●	●	●	●	●	●	●
100	積み木		●	●	●	●	●	●
101	わくわくスペース作り		●	●	●	●	●	●
102	一人あそび用マット	●	●	●	●	●	●	●
103	外あそび用マット	●	●	●	●	●	●	●
104	小さなおもちゃ	●	●	●	●	●	●	●
105	お出掛けあそびグッズ	●	●	●	●	●	●	●
106	ままごとグッズ		●	●	●	●	●	●
108	お手玉	●	●	●	●	●	●	●
109	友達絵本	●	●	●	●	●	●	●
110	絵本収納	●	●	●	●	●	●	●
111	簡単プール		●	●		●		
112	プールあそびの簡単おもちゃ	●	●	●		●		
	生活							
114	おむつ交換コーナー	●	●		●	●	●	●
115	安定した姿勢のススメ	●			●	●	●	●
116	はじめてのクッキング		●	●	●	●	●	●
118	シール付きスプーン		●	●	●	●	●	●
119	脱ぎ着の手順ガイド		●	●	●	●	●	●
120	汗っかき対策	●	●	●		●		
	保護者支援							
122	24時間サイクルの連絡帳	●	●	●	●	●	●	●
124	靴選びのポイント	●	●	●	●	●	●	●
125	かみつき・ひっかきの解説文例	●	●	●	●	●	●	●
126	保護者会メニュー	●	●	●	●	●	●	●

からだ あそび

- はいはい
- 押す
- 入る
- 歩く
- 触る
- 握る
- 跳ぶ
- 追いかける
- 投げる
- ける
- いろいろな動き

はいはい
変わりトンネル

行き止まりにどきどき

出口に工夫を加えたちょっとどきどきするトンネルです。最初は行き止まりのトンネルに戸惑う子もいるので、出口に保育者がいて、誘うようにしましょう。

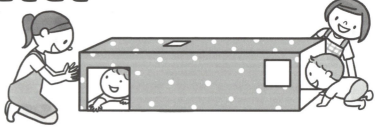

準備
- ★段ボール箱（同じ大きさの物を2個、大きい物なら1個）
- ★布ガムテープ
- ★布
- ★新聞紙
- ★木工用接着剤

作り方
① AとBを重ねて段ボール箱をつなぎ、布ガムテープで固定する。
② つないだ箱の一方の端を入り口にし、もう一方の端は底を閉めて、行き止まりにする。
③ 行き止まりにしたほうの側面に出口を作る。
④ 所々に窓を開けた後、全体に新聞紙をはる。
⑤ しっかり乾かした後、布をはる。

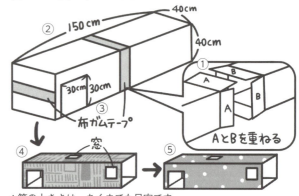

＊箱の大きさは、あくまでも目安です。

プラスポイント
- 中でお座りができる大きさの段ボール箱を選ぶと、あそびが広がります。
- 入り口は段ボール箱のふたを内側に折り込んで二重にすると丈夫です。

押す・入る
押し箱

押してイチニ

歩き始めのころは、押してあそぶのを楽しみます。箱の底面にトラックやパトカーなどの絵をはっておくと、1歳児は乗り物に見立ててあそびます。

中に入ってホッ

歩くまでは、中に入って座ってあそびます。両サイドに囲いがあるので、安定感があり、子どもがホッとできるスペースになります。部屋の壁に沿って置くと、ほかの子に押されることがなく、安心してあそべます。

座位が安定するまでは、前にクッションを置き、倒れても危なくないようにしておくとよい。

準備
★硬めの段ボール箱
★硬めの段ボール板
★布ガムテープ
★カラー布ガムテープ

作り方

① 段ボール箱を図のようにカットする。すべての面に段ボール板を重ねて補強し、布ガムテープで固定する。

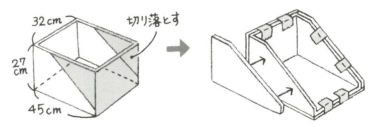

② 周りを布ガムテープで補強して、上からカラー布ガムテープで覆う。

カラー布ガムテープなので、汚れてもすぐにふけて衛生的。

からだ

押す
押せ押せトラック

0歳児 1歳児 2歳児

お気に入りのおもちゃを乗せて

　身の回りの大きな物を押して歩きたい子どもたちの思いにこたえるおもちゃです。荷台に、自分が大事にしている人形や、絵本、おもちゃなどを入れて押してあそびます。重量感があるので、力を込めて押してもひっくり返ることがありません。長くあそべるおもちゃです。

準備
- ★段ボール箱（ミカン箱大）
- ★新聞紙を詰めた紙パック およそ40～50本
- ★布ガムテープ
- ★布　★画用紙（白・黒）
- ★荷台の箱（バナナや野菜が入っていた箱）
- ★木工用接着剤

作り方

① 新聞紙を詰めた紙パックを段ボール箱にぎっしり入れて、木工用接着剤で布をはる。白の画用紙で窓を作り、はる。

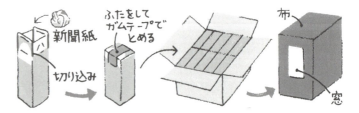

② 紙パックを荷台の箱の大きさに合わせて布ガムテープでつなぎ、上から布をはる。

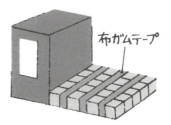

③ 荷台の箱を①と②に接着剤で固定し、黒の画用紙で作ったタイヤをはる。

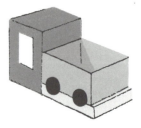

　バランスお手玉

よちよち歩きの子に

歩き始めの子にぴったりの安定した歩行を楽しめるおもちゃです。
子どもがあそんでいるときは、目を離さず、そばで見守りましょう。

準備

★コーデュロイの布地
★ペレット 400g
★糸と針（またはミシン）

プラスポイント

・手縫いの場合、ペレットが縫い目からこぼれ出ないように小さい縫い目にしましょう。ガーゼやさらしで簡単な袋を作り、その中にペレットを入れてから、Ⓐの袋に入れると安心です。

・普段は子どもの手の届かない場所に保管しましょう。

作り方　（それぞれのサイズは出来上がりの寸法です）

① コーデュロイの布地を図のように切り分ける。

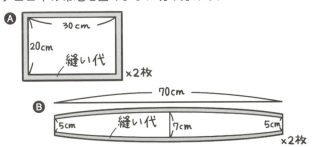

② 2枚のⒶをそれぞれ中表にして袋状に縫い、底を絞って表に返した後、ペレットを200gずつ入れる。

③ 2枚のⒷを中表に縫い合わせ、表に返した物を②の袋の口に入れ込み、Ⓑの幅に合わせて絞り、一緒に縫い留める。

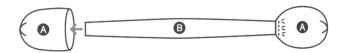

提げるおもちゃ

歩く楽しさを支援

歩行が安定してきたころにぴったりの提げて持つおもちゃです。歩くこと自体を楽しむ子どもに「どうぞ」と渡してみましょう。持ってみると、いい具合に体に添います。歩くと音がして楽しいです。

▶準備
- ★1800mlの紙パック（なければ1000mlの物でもよい）
- ★マメ
- ★綿ロープ（40cm）
- ★布
- ★多用途接着剤
- ★布ガムテープ

✻プラスポイント
・一人一人が満足するまで楽しめるように多めに作っておきます。

▶作り方

① 図のように紙パックを切る。

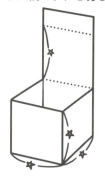

② 輪にした綿ロープを布ガムテープで固定し、マメを入れる。

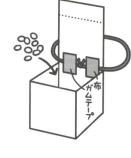

③ ふたを閉め、布ガムテープをはる。

④ 多用途接着剤で布をはる。

歩く
「どんどんばし」

0・1歳児用にアレンジ

　幼児向けの門くぐりのあそびがポピュラーですが、0・1歳児ならではの楽しみ方もあります。歩行がしっかりしてきた子どもたち向けのあそびです。

　保育者の歌を聞きながら、箱積み木やウレタン積み木（高さ15〜20cmくらい）をつないだ上を、バランスをとりながら歩きましょう。

✽ プラスポイント

・子どもの様子に合わせて、手を持ったり、そばについたりして、安心して歩けるように配慮しましょう。

触る・握る
鉄棒あそび

背伸びタッチ

　手が届く低い鉄棒へのタッチから始めて、少し高い鉄棒へのタッチにも挑戦。背伸びをして鉄棒に触ってあそびます。鉄棒の下をくぐって歩いたり、鉄棒の支柱にタッチしたりしてあそぶのも楽しいです。

カニ歩き

　手が届く鉄棒をしっかりと握り、そのままカニ歩きの要領で横に移動します。「1、2、1、2。カニさん、カニさん」と声をかけて、楽しい雰囲気を作りましょう。思わず手が離れて、バランスを崩す場合があります。そばで注意深く見守りましょう。

跳ぶ
風船ジャンプ

ジャンプしてタッチ！

両足ジャンプが大好きな子どもたちに、少し難しいあそびを提案してみましょう。天井からひもでぶら下げた風船目がけて、巧技台からジャンプします。つるすための適当な場所がないときは、保育者が手に持ってもOKです。風船にタッチできたら、「当たりー！」などと声をかけ、雰囲気を盛り上げましょう。

 プラスポイント

・子どもの姿に合わせて、巧技台の高さを変えたり、風船をつるす位置を変えたりして、一人一人が達成感を味わえるように工夫しましょう。

・とび降りが難しい子には、巧技台を使わず、背伸びをして触れる位置に風船をつり下げてみましょう。

・風船のほかに、タンブリンや鈴など、楽器を使っても楽しいです。

＊巧技台は登録商標です。

追いかける・投げる・ける
ボールあそび

ボール待て待て　1歳児向き

　転がるボールを追いかけるあそびです。広い場所で保育者がかごに入れたいろいろな色のボール（7～8㎝大）を一気に転がします。子どもたちは転がり出たボールを追いかけ、取ってかごに入れます。集まったら、また繰り返しましょう。次第にボールが転がって出てくることを期待して、待つようになります。

❋ プラスポイント

・保育者のまねを楽しむところから始まるので、「待て待て」と言いながら追いかけたり、かごに入れるときに「ポーン」と言葉を添えたりして、動きにメリハリをつけるようにしましょう。

月までポーン！　2歳児向き

　真上にほうり投げるあそびです。1人1個ずつボールを持って歌をうたい、歌の最後の「♪キーン」でボールを高くほうり投げてみましょう。天井が高いホールや園庭であそぶと盛り上がります。

月までつくまで
作詞／福尾野歩　作曲／中川ひろたか

つきまでつくまで
とんでいけ
5！　4！　3！　2！
1！　0！　はっしゃ　キーン

キックごっこ 2歳児向き

　幼児クラスのサッカーあそびにあこがれる2歳児のまねっこあそび。転がっていくボールを保育者と一緒に追いかけたり、保育者を相手にボールをけったりしてあそびます。

✻ プラスポイント

・まだ友達と1つのボールを追いかけることは難しいので、それぞれであそべるようにボールの数は十分に用意します。
・段ボール箱などで簡単なゴールを作っても楽しいです。

的当てあそび 2歳児向き

　いくつか積み上げた空の段ボール箱やコーンを的にして、ボールを投げます。高月齢児は、できればボールを片手で持ち、肩から投げてみるよう、先に保育者が投げ方を見せたり、友達の姿を通して知らせたりしてみましょう。

いろいろな動き
サーキットあそび

プレ運動会

運動会に向けて、室内でも楽しめるサーキットを設置してあそびましょう。スムーズに流れるように保育者が2〜3か所に分かれてつきます。また、ビニールテープで進路を示すとわかりやすいです。

①トンネルくぐり
段ボール箱をつないだ物でもOK。

②かかしになれるかな
フープやビニールテープで作った円の中で片足立ち。

③焼きいもごろごろ
マットの上を寝た姿勢で転がる。

⑤ジャンプ&タッチ
巧技台からジャンプをして、保育者が持つタンブリンをたたく。保育者とのハイタッチでも楽しい。

⑥カニ歩き
紙パックで作った台や巧技台の上を横歩き。

④一本道
ビニールテープの上を歩く。

＊それぞれのあそびは、一例です。子どもたちの育ちや、興味に合わせて、内容を工夫しましょう。
＊巧技台は登録商標です。

てゆびの
あそび

- つかむ
- つまむ
- 引っ張る
- 落とす
- 回す
- 外す
- はめる
- はる
- はがす
- 通す

つかむ・つまむ
ビリビリボード

てゆび

0歳児の低月齢児もOK

指先の分化が未熟な低月齢児から楽しめるおもちゃです。果物に見立てたフェルトを付けたり、取ったりしてあそびます。壁面などに固定して使いましょう。全面がトイクロスなので、どこにでも付けることができ、面ファスナー同士より簡単にはがれます。

準備

★フェルト　★面ファスナー（硬いほう）　★トイクロス　★針と糸　★段ボール板
★多用途接着剤　★綿　＊トイクロス＝面ファスナーの硬いほうがくっつく布。ほかに食器洗い用などのスポンジの硬い面も付く。手芸用品店で取り扱っている。

▶作り方◀

①丸く切った直径5cmくらいのフェルト2枚のうち、1枚に面ファスナーの硬いほうを縫い付ける。

②①の2枚を重ね、綿を入れる口を残して縫い合わせる。最後に綿を入れて口をとじる。

③トイクロスで果物の木を作り、別のトイクロスに縫い付ける。

④段ボール板を③でくるみ、多用途接着剤で留める。

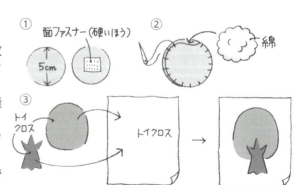

プラスポイント

・つかむ物として、1つずつ布でくるんだペットボトルのふたを縫い合わせ、面ファスナー（硬いほう）を縫い付けた物もオススメです。

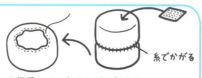

3個重ねて、糸でかがり留める。

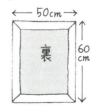

つまんで取る 0〜1歳児向き

0歳児の高月齢児から1歳児が楽しむ面ファスナーのおもちゃです。取るときの「ビリビリ」という音も子どもたちは大好き。子どもの取る動作に合わせて、保育者は言葉を添え、楽しさに共感しましょう。

準備

- ★フェルト
- ★キルティングの布
- ★針と糸
- ★面ファスナー
- ★段ボール板
- ★多用途接着剤

✻ プラスポイント

・果物の種類によっては、葉っぱやへたを別のフェルトで縫い付けると、イメージがさらに膨らみます。

▶作り方◀

① フェルトを2枚重ねて果物の形に切る。

② ①のうちの1枚に面ファスナーの柔らかいほうを縫い付けた後、2枚を縫い合わせる。

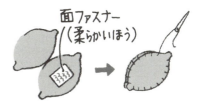

③ キルティングの布に面ファスナーの硬いほうを縫い付ける。

④ 段ボール板を③でくるみ、多用途接着剤で留める。

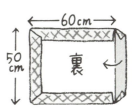

引っ張る
つながるハンカチ

てゆび

ティッシュペーパーの楽しさを再現

布を引っ張ると、次から次へと布がつながって出てきて、本物のティッシュボックスのようです。子どもたちは繰り返しあそびたがるので、根気よく布を畳んであげましょう。

準備
★ ふた付きのプラスチック密閉容器、またはきれいな空き箱
★ 容器のサイズに合わせた綿の布（15枚ぐらい）

作り方

① ふたの真ん中に、図のような穴を開ける。

穴を開ける

② 容器の幅に合わせたサイズの布をティッシュペーパーの要領で、交互に組み合わせながら畳んで入れる。

③ 1枚めだけ、ふたの穴から引っ張り出しておく。

プラスポイント
・化繊の布だと、滑ってしまい、つながって出にくいので、綿100％の布を用意しましょう。いろいろな柄や色の布を用意すると、見た目も楽しいです。
・空き箱を使用するときは、角を緩衝材など、適当な素材で覆いましょう。

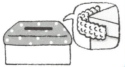

引っ張る
引っ張りボード

引っ張るうちに「不思議」発見！

ペットボトルのふたを引っ張ってあそびます。最初は、引っ張ると同じ色のペットボトルのふたが引っ込むことに気づきませんが、繰り返しあそぶうちに「あれ？」と不思議がる姿が見られます。つかまり立ちの時期から1歳児まで長く楽しめるあそびです。

準備
- ★段ボール板（25×40㎝）
- ★布　★細めの綿ロープ（3色くらい）
- ★ペットボトルのふた
- ★フェルト（綿ロープと同じ色の物）
- ★ビニールテープ　★きり
- ★多用途接着剤

▶作り方◀

① 段ボール板に多用途接着剤で布をはる。

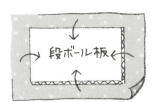

② きりで①に穴を開け、綿ロープの両端を裏から通す。

プラスポイント
- さくなどに固定して使いましょう。
- ペットボトルのふたにかかれているマークが気になるようなら、ひもと同色のビニールテープで覆ってしまうと仕上がりがきれいです。
- ふたの中に米などを入れ、音がするようにしてもいいです。

③ ペットボトルのふたにきりで穴を開け、綿ロープの両端にそれぞれ通して、先を玉結びにする。

④ ペットボトルのふたに別のふたを合わせ、ビニールテープで留める。周りを綿ロープと同じ色のフェルトを巻いて多用途接着剤で留める。

落とす
変わり穴落とし

落とした物が下から出てきてびっくり！

穴に落とした物がぽとんと落ちてくる変わり穴落とし。立ったり、しゃがんだりしてあそぶので、つかまり立ちの子にぴったりのおもちゃです。布のボールやお手玉などを落としてあそびましょう。

準備
- ★段ボール箱（ミカン箱大） ★布
- ★布ガムテープ ★木工用接着剤
- ★固定用のひも

作り方
① 箱側面の中央に、図のような穴を開ける。
② ①の反対側を四角く切り抜く。
③ ふたを布ガムテープではって、箱全体を布で覆い、接着する。さくなどを利用し、ひもで結び付ける。

てゆび

紙しんのぽっとん落とし 1歳児向き

保育者が立てて支える紙しんの中に、子どもがペットボトルのふたで作ったスティックを落とし、上まで入れたら、そっと紙しんを取ってみましょう。スティックが積み重なった様子に子どもは大喜びです。

準備

- ★紙しん（20〜30㎝）　★シール
- ★透明粘着シート（ブックカバー）
- ★ペットボトルのふた（3個で1セット）
- ★ビニールテープ

スティックが積み重なった様子を見て大喜び。

▶作り方◀

① 子どもと一緒に紙しんの周りにシールをはる。上からブックカバーで覆う。

② ペットボトルのふた3個を、ビニールテープでつなぎ合わせてスティックを作る。（中にビーズやコメなど、音がする物を入れてもよい）

コメ粒　ビニールテープ

✻ プラスポイント

- ラップの紙しんも、メーカーによって多少太さが違い、中にはペットボトルのふたが入りにくい大きさの物もあるので、大きさを確認してから準備しましょう。
- 繰り返すうちに、自分で紙しんを支えてあそびます。

変わり穴落とし

てゆび

つかまり立ちの子から

　つかまり立ちを始めた子から楽しめる大型のぽっとん落としです。1歳児なら、広告紙を細く巻いた物を食べ物に見立てて、動物の口に入れ、食べさせるつもりを楽しむでしょう。大きめの箱で作っておくと、友達同士であそべます。入れた物を取り出すときは、箱の下部の切り落とした口から振って出します。

準備
- ★丈夫な段ボール箱（高さ30〜50㎝くらい）
- ★色画用紙
- ★模造紙、または布や和紙
- ★広告紙　★のり
- ★ビニールテープ

▶作り方◀

① 箱のサイズに合わせて、色画用紙で動物の顔を作り、口の部分は切り抜いておく。

② 段ボール箱の下部を1か所だけ小さく斜めに切り落とす。

③ 箱全体を模造紙などで覆い、①をのりではり、箱にも口に合わせて穴を開ける。

④ 広告紙をストローのように細く巻いて、ビニールテープでしっかり覆い、5㎝くらいの長さに切る。

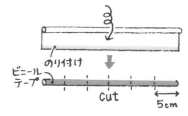

引っ張る
うさぎファスナー

てゆび

つまんで引っ張って

ジャンパーのファスナーなどに興味をもち始めた子どもたちにぴったりのおもちゃです。フェルトで作ったうさぎのファスナーの口を開け、食べ物に見立てたチェーンリングを食べさせてあそびます。同じ物をいくつか作って、友達と同じあそびが楽しめるようにしましょう。

準備
- ★フェルト
- ★多用途接着剤
- ★ファスナー（12cmくらい）
- ★針と糸

▶作り方◀

① フェルトを直径13cmくらいの円に切り、下から1/3くらいの位置で切り離す。

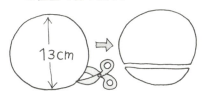

② ファスナーを縫い付ける。

③ ②の大きさに合わせて、フェルトをもう1枚丸く切る。うさぎの耳も2枚作り、挟みながら縫い合わせる。

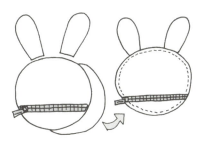

④ 別のフェルトで切り抜いた目や鼻を多用途接着剤で付ける。

回す
くるくるふた回し

ふたを開けるのが楽しみ

　ふたを閉じておくと、子どもは、中に何が入っているのか楽しみにしながら、ふたを回して開けてみるでしょう。まだ、閉じるのは難しいので、保育者がふたを閉めて、繰り返し楽しめるようにしましょう。物の名前と言葉が一致してくる1歳児にぴったりのあそびです。

準備
★旅行用化粧クリーム入れ
（透明のプラスチックケース
　直径4cmくらいの丸型）
★色画用紙
★多用途接着剤　★のり

プラスポイント
・果物のほかに、動物や乗り物など身近な絵柄の物も作ってバリエーションを楽しみましょう。

作り方

① プラスチックケースの内径と同じ大きさの円に切った色画用紙に、別の色画用紙で作った果物をのりで付ける。同じ物を2枚作る。

② プラスチックケースのふたの内側と容器の底に、①を多用途接着剤ではる。

③ プラスチックケースの側面（内側）にも、①と同色の色画用紙を入れる。

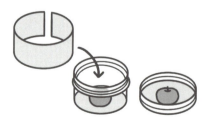

回す
紙パックのこま回し

回るうれしさに共感して

こまの中央に付けたペットボトルのふたをひねって回します。平らで滑りのいいフローリングの床などであそびましょう。回ったときのうれしい気持ちに心を寄せて、あそびを盛り上げましょう。

▶準備◀
- ★紙パック
- ★ペットボトルのふた（2個）
- ★セロハンテープ　★クレヨン

▶作り方◀　＊①～③は保育者が行う。

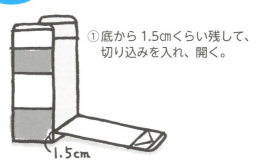

①底から1.5cmくらい残して、切り込みを入れ、開く。

②開いた部分は、15cmくらいの長さに切り、角を丸く切り落とす。

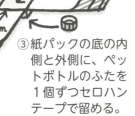

③紙パックの底の内側と外側に、ペットボトルのふたを1個ずつセロハンテープで留める。

④折った部分にクレヨンで絵をかく。

外す
スナップのおもちゃ

てゆび

外れる感触を楽しんで

留めてあるスナップを外してあそびます。長くつながっている物を次々に外したり、輪になっている物を外したりして、まずは外すあそびからスタート。スナップの外れる感触を楽しみます。保育者が一緒にあそび、子どもの前でスナップを留めて見せましょう。あそびの楽しさが、「留める」「つなぐ」という次のあそびにつながります。

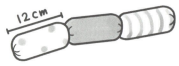

いろいろな長さの物を用意しましょう。

準備
- ★布
- ★スナップ
- ★綿　★糸と針
- ★割りばし

▶作り方◀

① 幅10cmの布を中表で半分に折り、わきと端の片方を、それぞれ縫う。表示の長さは、輪にできる目安。

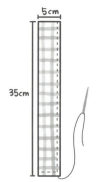

② 端の糸を絞り、縫い留めた後、表に返す。

③ 割りばしなどを使って、綿を詰める。

④ 綿を入れた口を縫い、縫い代を内側に入れて絞って、縫い留める。

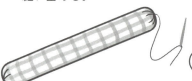

⑤ 両端にスナップを付ける。

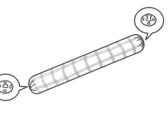

外す・はめる
フェルトのボタンはめ

つもりあそびの小道具にも

　衣服の着脱時など、ボタンに興味をもち始めたら、あそびとしてボタンはめに取り組む機会を作りましょう。最初は、外すあそびからスタートします。保育者がはめて、子どもが外すあそびを繰り返しているうちに、次第にはめるあそびに移っていきます。単独でボタンをはめるほかに、つないで手首や足首に巻いて、つもりあそびの小道具として活用するのもオススメです。

準備
★フェルト
★ボタン
　（直径2cm程度）
★糸と針

▶作り方◀

① 同じ大きさのフェルトを2枚重ねて、糸で縫い合わせる。長さの違う物を2種類作る。

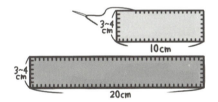

② ①の片端にボタンホールを作り、もう片方にボタンを付ける。

ボタンホールの大きさはボタンの直径＋厚み＋3mmが目安だが、フェルトは洗うと縮むので、少し大きめに作っておく。

❊ プラスポイント

・長い物はボタンを2か所付けておき、あそびのイメージによって選べるようにしておくといいでしょう。

・基本の作り方以外に、魚、人形、花などの形の物も用意するとイメージが膨らみます。

はる・はがす
ぺたぺたシール

0歳児 1歳児 2歳児

0歳児 保育者とのやり取りを楽しんで

最初は、保育者がシールをはって見せます。子どもの手に軽く付けると、自分でつまんで取ろうとし、興味を示すようになるでしょう。1枚ずつシールを渡すと、同じ所に重ねてはったり、はったシールをまたはがしたりしてあそびます。中には、はるよりもはがすことに夢中になる子もいます。それぞれがじっくり楽しめるよう、様子を見守りましょう。つかまり立ちを始めた子には、高さ40～50㎝程度の段ボール箱を用意するといいでしょう。

1歳児 感触の違いを楽しんで

台紙にはった状態で渡します。最初のうちは、丸いシールより、星形など角のあるシールのほうが取りやすいです。また、あまり小さなシールは取りにくいので、直径2㎝くらいの物を用意しましょう。じっくりあそべるように、シールをはったり、はがしたりできるコーナーを作っておいてもいいでしょう。

例えば、段ボール箱を開いて、壁に立て掛け、部分的にアルミはくをはっておくと、違った感触が楽しめます。プリンやゼリーのプラスチックカップにぺたぺたはっていくあそびもオススメです。

2歳児 短く切ったビニールテープに挑戦

短く切ったビニールテープを粘土板やプラスチック製のトレイ、缶のふたにはって渡します。別のトレイや空き缶にはり替えてあそびましょう。3種類程度の色の認識もできるようになる時期なので、「赤いのだけ、移してみよう」と、はり替える色を指定するのも楽しいです。シールと違って、粘着力が強いので、はがすとき、指先に強い力が必要ですが、少し難しいことに挑戦したい2歳児にはぴったりのあそびです。

通す
ひも通しで作るすだれ

出来上がりをイメージして

　ストローにひもを通して、すだれを作りましょう。先に出来上がりの物を見せて、「みんなでたくさん作ろうね」と誘うと、子どもがイメージしやすいです。作る過程で、ひも通しに夢中になる子や、保育者と一緒にアルミはくを付けたり、星を飾ったりすることを楽しむ子など、子どもによってあそび方が違うので、その子に応じてかかわるようにしましょう。

▶準備◀

- ★ひも、またはたこ糸
- ★セロハンテープ
- ★太めのストロー
  （3cmくらいの長さに切る）
- ★アルミはく
- ★星形に切った画用紙
- ★厚紙　★ガムテープ

▶作り方◀

① ひもの先端にセロハンテープを巻き、1つめのストローだけ通した後に、抜け落ちないように玉結びにしたり、ストローに結んだりする。

② 子どもたちと一緒にストローにひもを通していく。

③ ストローとストローの間に、保育者がちぎったアルミはくを巻いたり、星形の画用紙をセロハンテープではったりする。

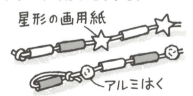

④ できた物を、細長く切った厚紙に等間隔に付け、出入り口や窓辺に飾る。

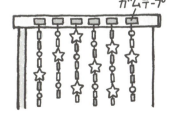

＊アルミはくを使うときは、口に入れないように気をつける。

通す
フェルトのひも通し

ちょっぴり難度が高いあそび

同じひも通しでもちょっぴり難しいひも通しです。子どもによって、通し方はさまざま。「こっちからかな」「こうするのかな」といろいろな方法を試すでしょう。「正しい通し方」というのはありませんから、子どもが思うように通して楽しむ姿を見守りましょう。うまく通せなくて困っているようなら、「こういうのはどう？」と、提案してみてもいいでしょう。

▶準備
- ★厚紙　★フェルト　★ひも
- ★多用途接着剤
- ★穴あけパンチ
- ★セロハンテープ

▶作り方

① 車や果物などの形に切った厚紙の裏表に、多用途接着剤でフェルトをはり付ける。

大きさは、子どものてのひらより一回り大きいくらいが目安。

② ①の周囲に適当な間隔をとって、穴を開ける。

③ 1つの穴に、ひもを通し、結び付ける。通しやすいように、ひもの先端にセロハンテープを巻く。

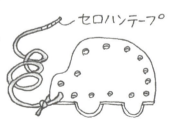

うた あそび

- ふれあい
- しぐさ
- やり取り
- みんなで

ふれあい「いもむしごろごろ」

よ　う　た

だっこスタイルと寝転ぶスタイルで

転がって立ち上がるおなじみのあそびを0歳児向けにアレンジしました。だっこスタイルと、寝転ぶスタイルの2種類を紹介します。発達や場面に合わせてあそびましょう。寝返りを楽しんでいる5〜6か月ころは、歌うだけでもいいでしょう。

いもむしごろごろ　わらべうた
いもむし　ごろごろ　ひょうたん　ぽっくりこ

だっこで

♪いもむしごろごろ　ひょうたん

①保育者のあぐらの上に子どもを乗せ、わきの下を支えて、左右に揺れる。子どもの座る向きはどちらでもOK。

♪ぽっくりこ

②子どもを高く抱き上げる。

寝転んで

♪いもむしごろごろ　ひょうたん

①寝転がった子どもの足首を持って、左右に揺する。

♪ぽっくりこ

②わきの下を支えて、子どもの体を起こす。つかまり立ちをしている時期なら、立たせてみてもよい。

ふれあい
「うまはとしとし」

よ　うた

子どもに合わせてアレンジして

　座位が安定してきた子を保育者のひざに乗せて、動きを楽しむあそびです。1歳児なら、数人の子どもが一緒に楽しめます。3種類のアレンジアイディアを紹介しましょう。

♪うまはとしとし～のりてさんもつよい

両足を伸ばして座り、ひざの上に子どもを乗せる。
両手をつないで、または背中を支え、歌に合わせてひざを上下させる。

▶ **アレンジ**

Ⓐ 最後のお楽しみ
歌い終わったら「ドシーン」と言いながら、足を開いて、子どもを床の上に下ろす。勢いをつけすぎないよう気をつける。

Ⓑ 替え歌にして
「♪のりてさん」の所に子どもの名前を入れて歌う。

Ⓒ 友達と一緒に
2～3人の子どもを一緒にひざの上に乗せてあそび、子どもたち同士のふれあいを楽しめるようにする。

ふれあい
「だるまさん」

動きの心地よさとまねっこを楽しんで

　心地よい揺れと顔あそびの楽しさを感じるあそびです。0歳児なので、保育者のまねっこを楽しめるようにします。ほおを両手で引っ張ったり、唇を突き出してみたり、子どもがまねしやすいような顔をいろいろして見せましょう。

だるまさん　わらべうた

だるまさん　だるまさん　にらめっこしましょ　わらうとまけよ　あっぷっぷ

♪だるまさん〜わらうとまけよ

① 子どもを保育者のひざの上に乗せ、わきの下を支えたり、手をつないだりして、上下に揺らす。

♪あっぷっぷ

② 保育者がほおを膨らませて、おもしろい顔を子どもに見せる。

✿ プラスポイント

・「♪あっぷっぷ」の発音をまねするのも子どもは大好きです。子どもの様子に応じて、繰り返したり、ゆっくり歌ったりして楽しめるようにしましょう。

ふれあい 「めんめん すーすー」

顔あそびを楽しんで

顔あそびのわらべうたです。となえうたなので、語るようにゆっくりとうたいます。子どもによっては、いきなり顔を触られることを嫌がる子がいます。子どもの表情や様子を確かめながら、最初は保育者が自分の顔でやって見せるなど、配慮しましょう。1歳児なら、自分が保育者になったつもりで、ぬいぐるみにやってあげるあそびも喜びます。

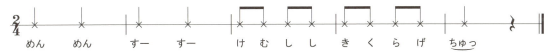

♪めん めん
①子どもの目じりを人差し指で優しく2回触る。

♪すー すー
②鼻をそっと2回なでる。

♪けむしし
③まゆ毛を2回なでる。

♪きくらげ
④耳たぶをそっと2回つまむ。

♪ちゅっ
⑤口に指を当てるまねをする。

ふれあい
「こりゃどこのじぞうさん」

0歳児 1歳児 2歳児

揺さぶりあそびとして

ゆらゆら揺れるのが楽しいわらべうたです。子どもの表情をよく見ながら、ゆったりと行いましょう。あそび始めは、両手を持って揺らし、「♪どぼーん」で両手を高く上げ、様子を見るのも一つの方法です。

♪こりゃどこの〜うみにつけて

① 子どものわきの下を支えて保育者のひざの上に抱き、左右に揺らす。

♪どぼーん

② そのままの姿勢で少し高く抱き上げ、下におろす。

✿ プラスポイント

・あそびに慣れてきたら、大きめのバスタオルに乗せて両端を持って、左右にゆっくり揺らすのも喜びます。「♪どぼーん」で止めて、下ろします。下にマットを敷いて行いましょう。

ふれあい「だっこしてギュー！」

アレンジいろいろ

　全身丸ごとのふれあいあそびです。最後の歌詞を替えて、いろいろなアレンジを楽しみましょう。子どもたちは、最後に何をしてもらえるか、ドキドキしながら待っています。一人一人の発達や機嫌に合わせながら、繰り返しあそびましょう。

だっこしてギュー！　　作詞・作曲／福尾野歩・中川ひろたか

だっ こ して　だっ こ して　〇〇ちゃん の　こと　ギューーーーー！

♪だっこして　だっこして
　〇〇ちゃんのこと

①向かい合わせで子どもをひざの上に乗せ、上下に揺らす。

♪ギュー！

②抱き締める。

「♪ギュー！」の歌詞を替えてあそびます。子どもの表情をよく見て行うようにしましょう。

♪ストーン
足を開いて、床に子どもを下ろす。

♪たかいたかい
立って行い、最後に「たかいたかい」をする。

♪ひくいひくい
立って行い、最後に床に子どもを下ろす。

＊立って行う場合は、①も立ったままだっこします。

♪うた ふれあい 「おすわりやす」

方言の語感を楽しみながら

京都に伝わるわらべうたあそびです。「おすわりやす」は「座ってください」、「いすどっせ」は「いすです」、「こけまっせ」は「転びますよ」という意味を表す京都の方言です。言葉がもつ語感や、軽やかなリズムも一緒に楽しみましょう。

おすわりやす　わらべうた

お す わ り や す い す どっ せ
あん ま り のっ た ら こ け まっ せ

♪おすわりやす〜のったら
① 保育者がいすになり、子どもを乗せて、上下に揺らす。

♪こけまっせ
② 歌の後、保育者は足を開き、子どもはしりもちをつく。

✻ プラスポイント

・向かい合ってもあそべます。
・人形を使ったまねっこあそびも楽しいです。

ふれあい「おふねがぎっちらこ」

ようた

押したり引いたり

　向き合い、船をこぐイメージで押したり引いたりしてあそびます。子どもの様子に応じて、倒し方を大きくしたり、小さくしたり、ゆっくり倒したり、いろいろアレンジして繰り返しあそびましょう。

♪おふねがぎっちらこ　ぎっちらこ　ぎっちらこ

保育者のひざに乗せ、歌いながら、つないだ両手を引いたり、押したりして、子どもの上半身を前後に倒す。何度か繰り返す。

✱ プラスポイント

・人形やぬいぐるみを自分に見立て、保育者のまねをするあそびも楽しめます。

・2歳児なら、友達同士で手をつないで、前後に体を動かしてあそべるようにもなります。あそぶ前に、途中で手を離さないことを伝えましょう。また、2人1組を作る際、同じような体格の子同士で組むよう配慮します。

＊子ども同士であそぶときは、マットを敷いて行いましょう。

ふれあい 「どてかぼちゃ」

ゆったりとしたリズムを味わって

子どもたちに人気のわらべうたです。ゆったりとしたリズムの心地よさを一緒に感じながら、繰り返しあそびましょう。時にはアレンジし、長く楽しみたいあそびです。

♪おらうちの　どてかぼちゃ　ひにやけて　くわれない

子どもと向き合って座る。両手をつなぎ、歌に合わせて揺らす。

A 歌の後のプラスワン
歌い終わったら、ぎゅっと抱き締める。

B お手玉を使って
手に持ったお手玉を左右に持ち替えながら、歌う。子どもにも1つ渡し、まねっこを楽しめるようにする。

しぐさ
「おちょず」

目と目を合わせて

　幅広い年齢で楽しめるしぐさあそびです。保育者が自分の手であそび、それを子どもの顔の前で見せたり、子どもの手を取って一緒にやってみたりして、子どもと向き合って、目を合わせてあそびます。

♪おちょず　おちょず
①両手を4回合わせる。

♪ねんねつぼ　ねんねつぼ
②左のてのひらを右手の人差し指で4回つつく。

♪かいぐり　かいぐり　かいぐり　こ
③胸前で両手をぐるぐる4回まわす。

♪おつむ　てん　てん
④両手で頭を優しく4回たたく。

⑤最後に、てのひらを口に当て、「アワワワ」と声を出す。

✻ プラスポイント

・0歳児で、お座りがまだ難しい時期の子には、目と目を合わせてゆったりと歌うだけでもいいでしょう。

♪うた しぐさ「ずくぼんじょ」

イメージしながら

「ずくぼんじょ」とはツクシのことです。ツクシが土から頭を出す様子をイメージしながら楽しんでみましょう。最後に両手の人差し指だけ立てて、ツクシが出てくるしぐさをする場面がありますが、その子なりにやっているつもりで楽しめればＯＫです。

♪ずっくぼんじょ～でてこら

①両手を胸の前で組み、リズムに合わせて左右に揺らす。

♪さい

②両手の人差し指を立てる。

▶**アレンジ** 全身で表現

♪ずっくぼんじょ～でてこら

①しゃがんだ姿勢で、頭上にてのひらを合わせたツクシの芽を作る。そのままでもいいし、歌に合わせて体を揺らしたり、頭上の両手を上下させたりしてもよい。

♪さい

②てのひらを合わせた両腕を伸ばしながら、立ち上がる。

しぐさ「かれっこやいて」

まねっこを楽しんで

　かれっこは、魚のカレイのこと。手をカレイに見立ててあそぶポピュラーなわらべうたです。まねしてあそべるよう保育者がやって見せたり、子どもの手を取ってあそんだり、子どもの様子に応じて工夫しましょう。

♪かれっこ　やいて
①両手の甲を上に向け、上下に軽く4回振る。

♪とっくらきゃして　やいて
②両手の甲を下に向け、上下に軽く4回振る。
＊とっくらきゃして＝ひっくり返して

♪しょうゆ　つけて
③右手の人差し指で、左てのひらを4回つつく。

♪たべたら　うまかろう
④両手を両ほおに4回当てる。

✳ プラスポイント
・「♪しょうゆ　つけて」で、右手をはけのようにして、左のてのひらにしょうゆを付けるまねをするのも楽しいです。

しぐさ「うちのうらの」

ネコになったつもりで

ネコのしぐさがかわいいあそびです。ネコになったつもりで、手をネコの手にしてあそびましょう。ゆったりしたテンポがオススメ。保育者のまねをしたり、友達同士で楽しんだりして、繰り返しあそびます。

♪うちのうらの　くろねこが

① 両手でこぶしを作り、顔の横でネコがひっかくまねを左右交互に4回。

♪おしろいつけて

② こぶしをほおに当て、おしろいをつけるまねをする。

♪べにつけて

③ 片方の手の人差し指を口に当て、口紅をつけるまねをする。

♪ひとにみられて

④ 片手を額にかざす。

♪ちょいとかくす

⑤ ④のまま、顔を隠すように頭を少し下げる。

▶ **アレンジ** ◀

ネコの耳やしっぽを付ければ、それだけで発表会メニューにバージョンアップ！1歳児にぴったりです。

 「おはようのうた」

1日の始まりに

毎朝うたう、子どもたちに人気の歌です。しぐさを付けて、体も一緒に動かしましょう。楽譜にあるように、歌った後、手をたたいたり、足踏みしたりします。替え歌にして、頭をとんとんと軽くたたいたり、人差し指でほおをつついたり、いろいろなしぐさを楽しめます。

1番

♪てをたたこうー（繰り返す）
①歌った後、拍手を3回。（繰り返す）

♪いちにのさんで　おはよう
②声を合わせて歌う。

③拍手を3回。

2番

♪あしぶみしよう（繰り返す）
④歌った後、その場で3回足踏み。（繰り返す）

♪いちにのさんで　おはよう
⑤声を合わせて歌った後、その場で足踏み3回。

 プラスポイント

・年齢が低い場合、1番、2番と続けなくても、子どもたちの様子に応じて、同じしぐさを繰り返すのでも構いません。

しぐさ「どうぶつえん」

運動会にもぴったり

　人気のあそび歌を1歳児向けにアレンジしました。歌詞も一部、替え歌になっています。日々のあそびで盛り上がり、運動会のプログラムになったアイディアです。

＊歌詞の一部が替え歌になっています。替え歌部分は、（　）で示しています。
＊出典／「あそび＆ダンス＆卒園のうた26　だんごむしたいそう（CD付き）」（Gakken）

うた

1番

♪どどどど〜いこう
（繰り返す）

①元気に歩く。

（♪ゴリラ〜
ウッホウホ）

②胸をたたいて、ゴリラの
まねをする。

♪さがそう〜
どうぶつえん

③元気に歩く。

2番

♪どどどど〜いこう
（繰り返す）

④元気に歩く。

（♪キリン〜
ニョッキニョッキ）

⑤両腕を頭上に伸ばす。

♪さがそう〜
どうぶつえん

⑥元気に歩く。

しぐさ「かにどん かにどん」

よ う た

カニになったつもりで

　鹿児島の方言が楽しいわらべうたのようなあそびうたです。カニになったつもりで、はさみを作り、いろいろなしぐさを楽しみましょう。繰り返しあそんでいると、子どもたちも一緒に歌うようになります。「〜どん」や「〜きゃる」など、方言がもつ語感のおもしろさも味わいましょう。

かにどん かにどん　　作詞・作曲／佐藤美代子

かにどん　かにどん　どこいきゃる
このたに　おりて　さわいきゃる　チョキ チョキ

♪かにどん　かにどん　どこいきゃる
①指でカニのはさみを作り、横に歩く。

♪このたにおりて　さわいきゃる
②①とは反対のほうへ横歩きで進む。

♪チョキ チョキ
③はさみの腕を高く上げて、大きく左右に体を揺らす。

✽ プラスポイント

・1歳児の低月齢児は、②の場面で反対のほうへ歩くことに戸惑うこともあります。①②とも同じほうへ歩く動きに変えるなど、子どもの様子に応じた配慮をしましょう。
・1歳児後半から2歳児になると、みんなで同じしぐさをすることを楽しむようになります。少しゆっくりとしたテンポで歌いましょう。

出典／「なにしてあそぶ？　わらべうた　目あそび・手あそび・足あそび」（編著・佐藤美代子　草土文化）

しぐさ
「きゅきゅキュウリメロンロン」

語感をしぐさで表現して

身近な野菜が出てくる手あそびです。楽しい言葉の響きをしぐさで表現してあそびます。1番、2番を問わず、子どもたちが好きなしぐさだけ選んであそんでもいいし、知っている野菜の名前を入れて、子どもたちとしぐさを考えても楽しいです。

きゅきゅキュウリメロンロン　　作詞・作曲／斎藤二三子

軽やかに

キュッ　キュッ　キュー　の　キュウリ　　トン　トン　トン　の　トマト
リン　リン　リン　の　リン　ゴ　　　　　　カン　カン　カン　の　ミカン

キャ　キャ　キャ　の　キャベツ　　　　コン　コン　コン　の　ダイコン
スイ　スイ　スイ　の　スイカ　　　　　ロン　ロン　ロン　の　メロン

 1番

♪キュッキュッキューのキュウリ
①両手で3回絞るしぐさをした後、3回拍手。

♪トントントンのトマト
②両手をグーにして3回打ち合わせ、3回拍手。

♪キャキャキャのキャベツ
③両手でひっかくしぐさを3回して、3回拍手。

♪コンコンコンのダイコン
④片手、または両手をグーにして頭を軽く3回たたき、3回拍手。

 2番

♪リンリンリンのリンゴ
⑤片手で鈴を3回振るしぐさの後、拍手3回。

♪カンカンカンのミカン
⑥ばちで鐘を3回たたくしぐさの後、3回拍手。

♪スイスイスイのスイカ
⑦平泳ぎのしぐさを3回して、3回拍手。

♪ロンロンロンのメロン
⑧両手を胸で交差させ、体を左右に3回揺らして、3回拍手。

しぐさ「もちっこやいて」

保育者のしぐさをまねっこ

お正月にぴったりのわらべうた。元は、P.45のあそびと同じです。「♪しょうゆをつけて」を「♪きなこをつけて」や、「♪なっとうのせて」など、いろいろ替えて楽しみましょう。

♪もちっこ やいて
①両手の甲を上にし、上下に4回振る。

♪とっくらきゃして やいて
②ひっくり返して、てのひらを上にし、4回振る。

♪しょうゆをつけて
③片方のてのひらをもちに見立て、もう片方の手をはけに見立てて、しょうゆを塗るようなイメージでなでる。

♪たべたら
④両手を口元に持っていって食べるまね。

♪うまかろう
⑤両手でほおを挟む。

✳ プラスポイント

・0歳児の場合は、保育者が子どもの手を取って行います。繰り返しあそんでいるうちに、食べるまねや両手でほおを挟むしぐさをするようになります。

しぐさ「こっちのたんぽ」

最後の「♪バー」がお気に入り

ひざや頭をトントンするわらべうたです。子どもと向かい合って行いましょう。繰り返しあそぶうちに、保育者のしぐさをまねて楽しむようになります。歌の最後の「♪バー」は、どの子も大好きです。わくわくしながら、その瞬間を待つことでしょう。

♪こっちのたんぽ　たんぽや
①片方の手で反対の手のひじを4回たたく。

♪こっちのたんぽ　たんぽや
②手を替えて①を繰り返す。

♪おつむてんてんや
③両手で頭を軽く4回たたく。

♪カックリ　カックリ
④糸巻きのように手をぐるぐる回す。

♪バー
⑤「いない いない ばあ」をする。

✱ プラスポイント

- あそびに親しんできたら、「♪バー」の前で一呼吸おきます。次の展開をわかっている子どもたちのわくわく感が、ぐんとアップします。
- 0歳児の低月齢児には、寝たままで腕や頭を軽くなでるだけで構いません。目と目はしっかり合わせましょう。

やり取り 「おてぶしてぶし」

当てっこを楽しんで

布やお手玉などを両手の中に入れ、歌った後にどっちの手に入っているか、当てるあそびです。保育者が隠して、子どもが当てます。2つの物から1つを選ぶようになる1歳半前後の子どもが喜ぶあそびです。

おてぶしてぶし　わらべうた

おてぶし　てぶし　てぶしの　なかに　へびの　なまやけ
かえるの　さしみ　いっちょばこ　やるから　まるめて　おくれ　いや

＊いっちょばこ＝大切にしている箱

♪おてぶしてぶし〜おくれ

① 子どもと向き合って座る。両手を合わせた中へふわっと広がるシフォンのような布やお手玉などを入れて、上下に振りながら歌う。

♪いや

② 持っている物を片方の手に握り、歌い終わったら「どっちかな」と、子どもに聞く。

③ 子どもが触ったほうの手を開く。入っていれば「大当たり」、なかったら「大外れ」と歌うように言う。

✱ プラスポイント

- 0歳児低月齢児の場合は、歌った後、「どっちかな？」「あったー」と見せるだけでも十分に楽しいです。
- 2歳児なら、子ども同士でやり取りを楽しめるよう、仲立ちしましょう。

やり取り
「じーじーばー」

布を使って楽しさを演出

「いない いない ばあ」あそびが大好きな子どもたちにぴったりのわらべうたです。布を使うことで、さらに楽しさが増します。まずは、保育者がやって見せましょう。1歳児なら、子どもにも布を渡して、一緒にやるのも楽しいです。

① ハンカチ大の布で顔を隠す。

♪じーじー
② 目がのぞく程度に布を下げたり、上げたりする。

♪ばー
③ 顔を全部見せる。

♪じーじーばー
④ あそびを繰り返す。

♪ちり〜ん ぽろ〜んと
⑤ 布を左右に振る。

♪とんでったー！
⑥ 布を高く飛ばす。

♪うた

やり取り
「いっぴきちゅう」

0歳児 1歳児 2歳児

布の動きを楽しんで

　ハンカチ大の布の中央をつまみ、歌いながら、子どもの前でふわふわと動かします。1番から3番まで歌いながら、同じ動きを繰り返し、終えるときは、「おしまい」と言って終わりにします。薄手の布を使うと、ふわふわした軽やかな動きが作れます。ちょっとした時間であそべるので、いつでもあそべるようにポケットに布を1枚入れておくといいでしょう。

最後の「♪ちゅう」で、布を体の後ろに隠しても楽しい。

▶アレンジ
絵カードでシアタースタイルに

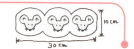
準備
★3つ折りにするネズミの絵カード（画用紙）

♪**いっぴきちゅう　もとにかえって**
①折り畳んだ状態で子どもに見せる。

♪**にひきちゅう**
②3つに折った絵カードを1つ開いて、ネズミ2匹分を見せる。

♪**にひきちゅう　もとにかえって**
③折り畳んで①に戻す。

♪**さんびきちゅう**
④すべて開く。

♪**さんびきちゅう　もとにかえって**
⑤開いていた絵カードを畳む。

♪**いっぴきちゅう**
⑥①に戻す。

やり取り
「にぎり ぱっちり」

1対1でゆったりと

　1対1でゆったりと歌ってあそべるわらべうたです。子どもと向かい合って座り、保育者が布を使ってやって見せます。布を使わないふれあいあそびもオススメです。

♪にぎり～ひよこ（2回繰り返す）

①両手の中に布を見えないように持って、歌いながら上下に軽く振る。（2回繰り返す）

②歌った後、「ぴよぴよぴよ」と言いながら、手の中にある布をゆっくりと出す。

▶アレンジ◀ ふれあいあそびとして

♪にぎり
①両手を取って上下に軽く振る。

♪ぱっちり
②握った両手を左右に開く。

♪たてよこ ひよこ
③①②と同じ。

みんなで「うえからしたから」

♪うた

大きな布で一緒に

子どもたちの頭上でシーツ大の布を大きく上下させ、最後に「いない いない ばあ」で締めくくります。友達が気になってくる0歳児後半から1歳児にぴったりのあそびです。

うえから　したから　おお　かぜ　こい　こい　こい　こい

♪うえから〜こいこいこい

① 布の四隅を保育者が持ち、歌に合わせて、大きく上下に揺らす。子どもたちは布の下に入る。

② 歌い終わった後、ふわっと子どもたちの上に布を掛け、顔が見えた子に「ばあ」と声をかける。

* プラスポイント

・まずは、スカーフ大の布で、1対1のあそびから始めるのもいいでしょう。子どもの顔の前で、歌に合わせて布を揺らし、歌の後にふわっと子どもの顔に布を掛けてあそびます。

・大きな布を掛ける場合も、あそびに慣れるまでは、別の保育者が子どもと一緒に布の下に入り、安心してあそびを楽しめるように配慮しましょう。

みんなで「ゆすらんかすらん」

0歳児 1歳児 2歳児

ようた

布の動きを風で感じて

シーツ大の布の四隅を保育者が持ち、その下に子どもたちが入ります。歌に合わせて布を上下に揺らし、最後の「♪あっぱっぱ」で、布を高く持ち上げたり、ふわっと子どもたちに掛けたりします。布が動くたびに、優しい風を感じることでしょう。レースのようなできるだけ薄手の透け感のある布がオススメです。

ゆすらんかすらん　わらべうた

ゆすらん　かすらん　たかいやま　こえて　ひくいやま　こえて　あっぱっぱ

▶ アレンジ

A 手が届く高さで

子どもが両手を上げて、布に手が届く高さで揺らす。

B くぐって歩いて

歌の間、布の下をくぐって歩く。低年齢児の場合は、ぶつからないように、別の保育者が誘導する。

みんなで「だんごむしたいそう」

運動会の親子ダンスに

子どもたちの大好きなダンゴムシの体操を、運動会での親子ダンスにアレンジ。「事前に練習しなくても踊れるので、保護者も楽しめる」と、現場からオススメのプログラムです。

だんごむしたいそう　　作詞・作曲／亀井愛子

出典／「あそび＆ダンス＆卒園のうた26　だんごむしたいそう（CD付き）」（Gakken）

1番

♪前奏
①リズムに合わせて、ひざを屈伸させる。

♪ダ だんごむし〜だんごむし
②しゃがんだ後、両手を広げて立つのを、ゆっくり2回繰り返す。

♪ぼくらはちきゅうの
③右に3歩あるき、1回手拍子。

♪おそうじやさん
④左に3歩あるき、1回手拍子。

♪きょうも〜たべる
⑤両手を上げて、上半身を左右に揺らす。

♪もそもそもそも もそもそ
⑥ダンゴムシになって逃げる子どもを、大人が追いかけ、捕まえてぎゅーっとだっこ。

2番

♪ダ だんごむし〜ひっくりかえる
⑦②から⑤を繰り返す。

♪バタバタバタバタ バタバタ
⑧子どもを「たかいたかい」する。

みんなで「むっくり熊さん」

0歳児 1歳児 2歳児

♪うた

待て待てあそびとして

手をつないで輪になり、くま役の保育者は輪の真ん中に座ります。歌に合わせてゆっくり回りましょう。歌が終わったら、「どん」の合図で、くま役は起き上がり、子どもたちを「待て待て」と追いかけます。1歳児向きです。

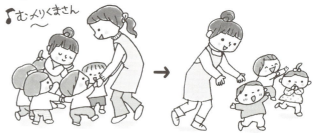

むっくり熊さん　　訳詞／志摩 桂　スウェーデン民謡

むっ くりくまさん むっ くりくまさん あなのなか ねむっているよ ぐう ぐう
ねごとをいって むにゃ むにゃ めをさましたら めをさましたら たべられちゃう よ

▶アレンジ◀　2歳児向き　つもりあそびと追いかけっこ

♪むっくりくまさん〜あなのなか
①輪になって手をつなぎ、回る。くま役の保育者は輪の中央で眠ったふり。

♪ねむっているよ〜たべられちゃうよ
②少しずつ輪を小さくして、くま役の保育者に近づく。

③歌が終わったら、起きたくま役の保育者に捕まらないように逃げる。

✱ プラスポイント

・あそびの要領がわかってきたら、くま役を子どもと交代しましょう。

みんなで「おちた おちた」

やり取りの楽しさを

2つのグループに分かれて、かけ合いを楽しむわらべうたあそびです。役割を交代して繰り返しあそびましょう。

♪おちたおちた
①グループAが手拍子しながら歌う。

♪なにがおちた
②グループBが手拍子しながら歌う。

♪○○○がおちた
③グループAが落ちた物を決めて歌う。

✱ プラスポイント

・それぞれのグループに保育者がつきます。何が落ちたかは、あらかじめ決めておくといいでしょう。
・落ちた物をしぐさで表現しても楽しいです。

みんなで「象さんとクモの巣」

♪うた

待つ楽しさを

　指あそびとして伝わっている歌あそびをアレンジしたものです。名前を呼ばれて、順につながっていきます。「次かな」とわくわくしながら待つ時間も楽しみの一つです。

象さんとクモの巣　　作詞・作曲／不詳　訳詞／馬場祥弘

1. ひとりの
2. ふたりの
3. さんにんの
4. よにんの
5. ごにんの

ぞうさん　クモのすに　かかってあそんで　おりました　あんまりゆかいに　なったので　もひとりおいでと　よびました

ぞうさん　クモのすに　かかってあそんで　おりました　あんまりおもたく　なったので　いとがプツンと　きれました

♪ひとりのぞうさん　クモのすに〜よびました

①子どもはベンチや床に座り、保育者が歌いながら周りを歩く。

②歌い終わったら「○○ちゃーん」と、1人の子どもの名前を呼ぶ。
③呼ばれた子は保育者の後ろに付く。
④2〜4番は同じことを繰り返し、5番まで歌い終わったら、それぞれが座っていた所に戻る。

✱ プラスポイント

・2番以降は、後ろに付いている子どもたちに「次はだれを呼ぼうか」と聞いて進めると、楽しさもアップ！

造形あそび

- 触る素材
- 絵の具
- はさみ
- のり
- 折り紙

触る素材
ウォーターマット

冷たくてぷよぷよした感触を楽しんで

寝転がってウォーターマットにほおをくっつけたり、てのひらでたたいてみたりして、ぷよぷよした感触を楽しみます。また、スチレン皿で作った魚などを指で押さえると、逃げるような動きをするのも楽しいです。

準備
★座布団用の布団圧縮袋2枚 ★布ガムテープ ★スパンコール ★スチレン皿
★油性フェルトペン、またはクレヨン ★食紅 ★水

作り方

① スチレン皿に、油性フェルトペンやクレヨンで魚や船などをかき、切り取る。
② 布団圧縮袋に①とスパンコール、食紅を溶いた色水を入れる。このとき、中にできるだけ空気を入れないようにする。
③ 口を閉じて、上から布ガムテープで覆い、もう1枚の布団圧縮袋に入れて二重にする。

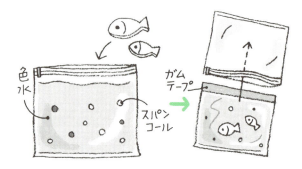

✿ プラスポイント

・ファスナー付きの保存袋のような小さな袋で作ると、持ち上げたり、抱えたりして、また違った楽しさに出合えるでしょう。

触る素材
スポンジあそび

造形

ペタペタくっつく感触を楽しんで

EVA素材*のスポンジシートをはさみでいろいろな形に切って、たらいに浮かべます。ぷかぷか浮かぶスポンジシートを捕まえてあそびましょう。窓ガラスにも少しの水でくっつくので、はがしたり、はったりしても楽しいです。

＊EVA素材＝柔らかく弾力性に優れており、ビーチサンダルやヨガマットなどによく使用されている。ホームセンターなどで入手することができる。

プレ水あそびとして

乾いているふろ用スポンジ、または台所用スポンジにジョウロで水を掛けたり、水を張ったバケツの中に入れたりして、感触の変化を楽しみましょう。

保育者が水を含んだスポンジを絞って、体に掛けたり、子どもたちが手や足でスポンジを押したりしてあそびます。

造形

触る素材
氷あそび

夏ならではのあそび

　製氷皿などで作った氷をたらいやバケツなどに入れて、解けていく様子を楽しみます。氷の中に見慣れたおもちゃが入っているので、氷が解けておもちゃが現れる変化に興味や関心が高まります。体調が思わしくなくて、プールあそびをしなかった子たちのテラスでのあそびにもオススメです。

✱ プラスポイント

・個人用に洗面器を使っても楽しいです。洗面器の水をかき回すと、氷も一緒に動きます。このときに使う氷は製氷皿で作ったキューブ型がオススメです。1歳児だと、飽きることなく、くるくる回してあそびます。

準備
★製氷皿（カップ、紙パックなども）
★食紅　★水
★チェーンリングやブロックなどのおもちゃ（誤飲サイズより大きい物）

作り方
2〜3日前に製氷皿や空き容器に水とチェーンリングのようなおもちゃを入れ、冷凍庫で凍らせる。また、食紅で色水を作って凍らせる。

触る素材
小麦粉粘土

引っ張ったり つぶしたり

子どもの前で小麦粉粘土を長く伸ばしたり、丸めたりして見せる。このとき、動作と一緒に、「のーびのび」「ころころ」など言葉を添えることが大事。

細長くした小麦粉粘土の端を子どもがつまみ、「びよーん」とどんどん引っ張ってみるのも楽しい。

保育者が丸めた粘土を子どもがてのひらでつぶすのも喜ぶ。

準備
- ★小麦粉3カップ
- ★水1カップ
- ★食塩 1/4 カップ
- ★サラダ油少量

作り方

*小麦粉粘土は腐りやすいので、当日使う分だけを作りましょう。また、クラスに小麦アレルギーの子がいないことを必ず確認してあそびの準備をします。

① 水と食塩を混ぜる。

② 小麦粉に少しずつ①の食塩水を混ぜ、こねていく。

③ 耳たぶぐらいの固さになったら、てのひらにサラダ油を付け、さらにこねる。

✱ プラスポイント

・小麦粉粘土の材料をボウルに入れて、保育者がある程度混ぜた後、すりこぎでもちつきみたいについて仕上げるのも楽しいです。すりこぎでつくのは、子どもたちが交代で行います。出来上がった小麦粉粘土をもちに見立てて、丸めたり、丸めた物を重ねたりしてあそびます。

たんぽあそび

たんぽでカタツムリ製作

準備
- ★たんぽ
- ★絵の具
- ★水で溶いた絵の具を入れる浅めの皿
- ★画用紙
- ★目玉用丸シール
- ★のり

子どもがたんぽでスタンピングした画用紙を保育者が丸く切り、あらかじめ用意しておいたカタツムリの体にはり付けます。最後に、子どもが目玉用の丸シールをはって仕上げます。

プラスポイント
- 絵の具が手に付くのを嫌がる子もいるので、個々に対応します。
- 最初に保育者がスタンピングを見せるといいでしょう。
- たんぽの代わりに、市販の油引きを使っても楽しめます。

かき氷をイメージして

準備
- ★画用紙
- ★綿
- ★多用途接着剤
- ★絵の具（3〜5色程度）
- ★水で溶いた絵の具を入れる浅めの皿
- ★たんぽ

画用紙にかいた器に載せるように綿を接着剤で付けます。薄めに溶いてある絵の具から好きな色を選んで、たんぽにつけ、かき氷に見立てた綿に着色していきましょう。絵の具は、3〜5色用意し、子どもたちで好きな色を選べるようにしておくと楽しいです。

造形

スポンジたんぽで

準備
- ★こいのぼりの形に切った画用紙
- ★絵の具（2～3色）
- ★浅めの皿　★目玉用丸シール
- ★スポンジたんぽ

絵の具を染み込ませたスポンジたんぽで画用紙にスタンプ。スタンプした跡が紙の上で混ざって、色が変わる様子に、子どもたちは興味津々です。よく乾かした後、目玉用の丸シールをはれば、こいのぼりの完成です。

 プラスポイント
- ・混ざってもきれいな色になるような、ピンク、黄色、水色などを選びます。
- ・少人数のグループで行います。製作やはじめてのことが苦手な子には、友達を誘ったり、友達とは別の時間に保育者と1対1で行ったりしてみましょう。

2種類のたんぽの作り方

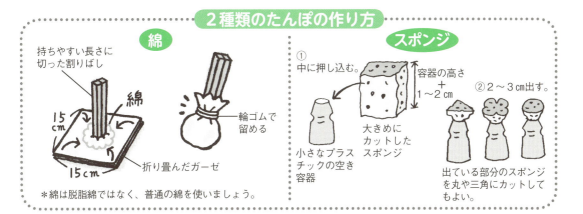

造形

絵の具
綿棒ペインティング

筆がまだ難しい時期の絵の具あそびに

準備
★綿棒　★絵の具
★トレイ、または小皿
★画用紙（はがき大程度）

　綿棒の先に、濃いめに溶いた絵の具を付けて、画用紙に模様を付けてあそびます。点描のように跡を付けたり、筆と同じように線をかいたりしてみましょう。画用紙ははがき大か名刺大のコンパクトなサイズが集中しやすいでしょう。

✿ **プラスポイント**

・紙の形は四角形に限らず、丸や三角、不定形など、いろいろ用意し、子どもが選べるようにしておくと楽しいです。
・画用紙のほか、わら半紙や和紙なども、絵の具がにじんで、また違った楽しさが味わえます。
・綿棒を何本か束ねて使ってみてもいいでしょう。その際は、輪ゴムなどでまとめます。

はさみ
はじめてのはさみ

粘土を使う1回切り

　市販の油粘土を細く伸ばした物をはさみで切り落とします。紙の場合、はさみの刃を直角に当てないと紙を挟んでしまって、うまく切れないことがありますが、粘土だとそういうことがないので、達成感を味わえ、はさみへの興味が高まりやすいです。粘土はあらかじめ形をととのえておきましょう。

紙を使う1回切り

　2㎝幅くらいに切ったテープ状の紙を切り落としてあそびます。紙は、厚手の広告紙など、少ししっかりした紙を使うほうが、切りやすいです。紙皿やなべなどを用意して、ままごとのご飯作りとして楽しみましょう。

子どもの様子によっては、後ろから手を添えて、はさみが紙に対して直角になるように使うことをイメージしやすい言葉で伝えます。

✱ プラスポイント

- 一人一人の様子に合わせて、持ち方や切り方を知らせていくために、少人数のグループを作ります。
- まずは保育者が、切って見せてもいいでしょう。興味をもつかどうかは、個人差があります。子どもの「やってみようかな」「やってみたいな」という思いにこたえるようにかかわることが大事です。

のり

製作あそび・花火

0歳児 1歳児 2歳児

ちぎった折り紙で

準備
- ★折り紙（金、銀、黄、赤、紫、青など）
- ★でんぷんのり
- ★紙皿（4〜5人で1つ）
- ★丸く切った黒の画用紙（1人1枚、直径15cmくらい）

ちぎった折り紙を夜空の花火に見立てた製作あそびです。短冊状に切った折り紙の中から好きな色を選び、小さくちぎります。

紙皿にのりを用意し、ちぎった折り紙の裏にのりを付けて伸ばし、夜空に見立てた黒の画用紙にはっていきましょう。

✿ プラスポイント

・夕涼み会などで花火を見た後に、「きれいだったね」「パチパチッて、音がしたね」など、言葉にしてイメージを膨らませて、「花火、作ってみようか」と誘いかけると、盛り上がります。

・でんぷんのりを使ったことがない子が多いので、指に取る量や使い方を丁寧に伝えましょう。

のり 折り紙ツリー

造形

折り紙を折ってはって

- ★三角に切った緑の折り紙
- ★シール　★でんぷんのり
- ★台紙用の画用紙（濃い色）
- ★のりを入れる浅めの皿

　三角形の折り紙を1回折って、ツリーのパーツを作ります。3～4枚作ったら、組み合わせてツリーにして、小さなオリジナルツリーを作って楽しみましょう。1回折った三角形の折り紙を重ねるだけでもいいし、別の折り紙で幹を作ってもよいでしょう。

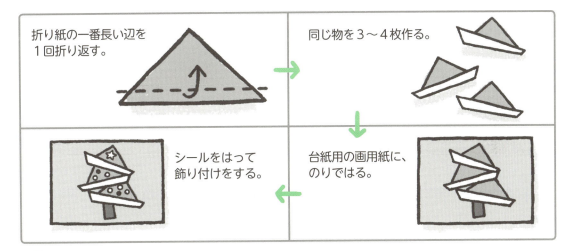

折り紙の一番長い辺を1回折り返す。

同じ物を3～4枚作る。

台紙用の画用紙に、のりではる。

シールをはって飾り付けをする。

✿ プラスポイント

- 「こんなふうに作るよ」と見本を見せる方法もありますが、まず、1つの三角をのり付けして、「もう1つ積んでみようか」とやり取りしながら作っていくのもいいでしょう。
- 興味には個人差があるので、早めに終えた子から園庭に出るなど、次の活動についても話し合い、分担を決めておくとスムーズです。

折り紙
車作り

造形

折って見立てて

準備
★折り紙（15㎝大）
★シール ★クレヨン、またはフェルトペン

折り紙の四隅に小さなシールをはったり、クレヨンなどで印を付ける。合わせる角同士、同じ色や形の印を付けておくとわかりやすい。

子どもに、同じ形、あるいは色同士の角を合わせて折ることを、子どもがイメージしやすい表現で知らせます。

2つに折った折り紙を車に見立てて、窓をかいたり、丸シールをはってタイヤにしたりして楽しみましょう。

✲ プラスポイント

・どんどん作る子もいるので、多めに用意しておきましょう。
・包装紙を折り紙サイズに切った物も用意しておくといいでしょう。柄があると、見立てる物も違って、イメージが膨らみます。

シアターあそび

- 紙しん
- ペープサート
- 仕掛けのある紙
- ミルク缶
- 絵カード

シアター

いない いない ばあ

いつでもどこでも

2本の紙しんを合わせて閉じた状態で「いない いない」、左右に開いて「ばあ」と顔を見せましょう。いつでもどこでも楽しめる簡単シアターあそびです。おなじみの「いない いない ばあ」あそびにゴムが伸びる感触のおもしろさが加わります。興味を示す子には、手を添えて一緒にやって、あそび方を伝えましょう。1歳児なら、次第に子ども同士でも楽しむようになるでしょう。

準備
★ラップやアルミはくの紙しん2本
★包装紙
★ヘアゴム
★透明粘着シート（ブックカバー）

作り方

①紙しんの周りを包装紙、透明粘着シートの順で覆う。

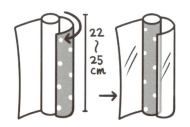

②①を2本並べて、図のようにヘアゴムを通し、結ぶ。

ペープサート
「ぶんぶんぶん」（作詞／村野四郎　ボヘミア民謡）

0歳児　1歳児　2歳児

シアター

おなじみの歌にペープサートのアイディアをプラスして！

「ぶんぶんぶん」の歌に合わせながら、ハチの絵人形を順番に登場させて、池の絵人形に付けたストローに差していきます。歌いながら演じるので、0歳児から楽しめます。

▼実際に園で使用している物

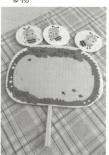

準備
★白の厚紙（B4くらいの大きさ2枚　直径10cmくらいの丸形3枚）
★色画用紙（水色、赤、緑）　★フェルトペン、またはクレヨン　★広告紙
★太めのストロー（直径5〜6mm）★セロハンテープ　★木工用接着剤

作り方

① 厚紙に水色の色画用紙で池を作ってはる。池の周囲に、赤で野バラを、緑で草を作ってはり、余白を切り落とす。池の周囲の野バラや草は、フェルトペンやクレヨンで直接かいてもいい。

② 丸い厚紙3枚に、それぞれハチの絵をかき、ストローに入るよう細く巻いた広告紙で持ち手を付ける。

③ ①の裏にも広告紙を細く丸めた持ち手をセロハンテープで固定する。上部3か所にセロハンテープで、短く切ったストローを固定する。

④ 池の絵人形の裏に、同じ形に切った別の厚紙を木工用接着剤ではる。

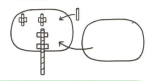

✿ プラスポイント
・透明粘着シート（ブックカバー）で絵人形を覆うと丈夫です。

紙シアター

仕掛けのある紙
「むすんでひらいて」（作詞／文部省唱歌 作曲／ルソー）

仕掛けのある絵を作って、おなじみの歌の楽しさをグレードアップ！

おなじみの歌を仕掛けのある絵を使って楽しみましょう。保育者のしぐさをまねるのとは違う楽しさを感じ、「もう1かい！」と子どもたちからリクエストされるでしょう。少し練習して扱い方に慣れてから、子どもたちと一緒に楽しみます。

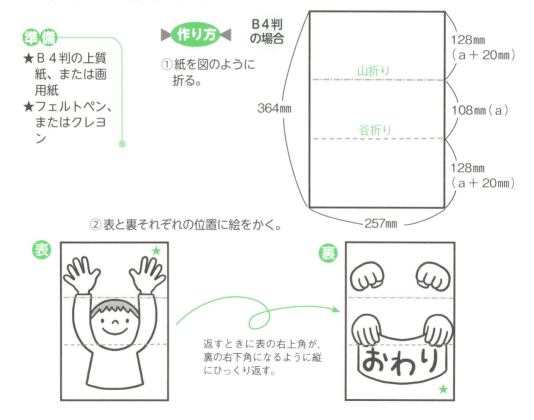

準備
- ★B4判の上質紙、または画用紙
- ★フェルトペン、またはクレヨン

作り方
① 紙を図のように折る。

B4判の場合
- 128mm（a＋20mm）
- 山折り
- 108mm（a）
- 谷折り
- 128mm（a＋20mm）
- 364mm
- 257mm

② 表と裏それぞれの位置に絵をかく。

返すときに表の右上角が、裏の右下角になるように縦にひっくり返す。

おわり

シアター

▶見せ方◀

♪むすんで
① 3つに折って、裏面の「グー」の絵を見せながら動かす。

♪ひらいて
② 折り畳んだままで表に返し、「パー」の絵を見せる。

♪てをうって
③ ②のままで、絵のてのひらを折るようにして打ち合わせる。

♪むすんで
④ 裏返して、①と同じに。

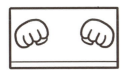

♪またひらいて　てをうって
⑤ 表に返して、②、③と同じに。

♪そのてをうえに
⑥ 折り畳んでいた紙を広げる。

「おしまい」
⑦ 右の絵のように折り畳んで、裏を見せる。

✳ プラスポイント
・①〜⑥を何度か繰り返し、子どもの様子を見て⑦の「おしまい」に移りましょう。

ミルク缶
ミルク缶シアター

ぺたんとくっつくおもしろさ

粉ミルクの空き缶と磁石を使った簡単シアターです。歌に合わせたり、簡単なお話を作ったりして、フェルトで作った花などをくっつけていきます。ぺたんとくっついて落ちないので、子どもたちは興味をもって、集中して見ます。ミルク缶を利用するので、それほど大きいシアターではありません。登園直後や午睡の前後など、ちょっとした時間を使って、少人数で楽しむといいでしょう。

準備
- ★粉ミルクの空き缶　★フェルト　★多用途接着剤
- ★丸型磁石（直径18mm前後）　★綿　★布　★針と糸

作り方

① ミルク缶の周囲に多用途接着剤で布をはる。

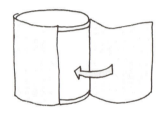

② 草や太陽、雲など背景をフェルトで作り、多用途接着剤で①にはる。

③ フェルトで花や虫を作り、中に綿と一緒に丸型の磁石を入れ、縫い留める。

＊磁石を誤飲すると危険です。しっかりと縫い留めてください。

「あめふりくまのこ」（作詞／鶴見正夫　作曲／湯山昭）

歌の楽しさが2倍に膨らむ

歌いながら、絵カードを紙芝居の要領で見せていきます。歌詞に合わせて、しぐさを加えても楽しいです。繰り返し見せているうちに、子どもたちもメロディーを覚えて歌ったり、保育者のしぐさをまねしたりして楽しむようになります。

▶ 作り方

画用紙を直径14cmくらいの円に切った物を5枚作り、「あめふりくまのこ」の1番から5番までの歌詞からイメージする風景を絵にする。

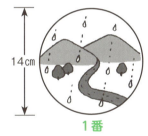
1番

2番

3番

4番

5番

✿ プラスポイント

- 絵カードを円形にすることで、優しい印象になります。絵も優しい感じがオススメです。
- 保育者が保管しますが、透明のウォールポケットに入れておくと、子どもが見つけて「せんせい、あれやって」とリクエストすることもあります。

絵カード「お月さまえらいの」

シアター

一人に1枚の絵カードで

ゆったりとしたわらべうたを絵カードで楽しみましょう。最初は保育者がやって見せ、「やりたい」と言う子に順に絵カードを渡して、一緒に楽しみます。

絵カードであそぶ前に、みんなで手をつないで大きな輪を作り、歌に合わせてゆっくり歩くあそびで、歌に親しみましょう。

♪おつきさま～

準備

★厚紙の表に満月、裏に三日月をかいた絵カードを人数分

お月さまえらいの　わらべうた

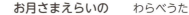

♪おつきさま～
　かがみのように　なったり

①満月の絵が見えるように絵カードを持って、歌に合わせて左右に動かす。

♪くしのように　なったり

②絵カードをひっくり返す。

♪はるなつ～てらす

③歌に合わせて絵カードを左右に動かす。

つもり・ごっこ

- つもり
- 再現
- ごっこ
- なりきり

つもり ままごとあそび

つもり・ごっこ

フェルトのおもちゃで

　いろいろな物に見立てられるフェルトのおもちゃをたくさん作って、ままごとの小道具に加えてみましょう。例えば、ままごとのお弁当箱やお茶わんに詰めれば、その後、袋に入れたり、保育者に包んでもらったりして、お出掛けごっこに発展していきます。

準備
- ★ペットボトルのふた（4個1セット）
- ★フェルト
- ★面ファスナー
- ★針と糸
- ★多用途接着剤

プラスポイント
- 一人一人が十分にあそんで満足できるように、できるだけ数を多く用意しましょう。

作り方

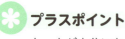

A
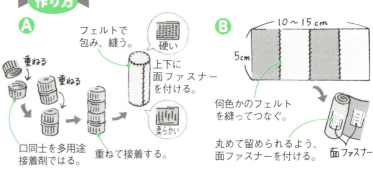

口同士を多用途接着剤ではる。

重ねて接着する。

フェルトで包み、縫う。

上下に面ファスナーを付ける。

硬い / 柔らかい

↓

いくつもつなげて、ままごとの包丁でさくさく切れば、クッキング気分もぐんとアップ！

B
10〜15cm / 5cm

何色かのフェルトを縫ってつなぐ。

丸めて留められるよう、面ファスナーを付ける。

面ファスナー

↓

1歳児は、まだ自分で丸めることは難しいですが、丸めてある物を広げてあそびます。

つもり・ごっこ

道具を工夫して 2歳児向き

給食ではしを使う前に、はしを使うあそびが楽しめるよう、環境をととのえましょう。2つの段階を準備しておくといいでしょう。

Ⓐ トングやピンセット

小さく切ったスポンジをトングやピンセットで挟んで移し替えてあそびます。

Ⓑ 割りばし

小さく切ったスポンジを製氷皿に入れたり、ラーメンに見立てた毛糸を入れ物に移したりしてあそびます。

❋ プラスポイント

- 落ち着いてあそべるよう、ままごと用の机やいすを用意するとともに、道具の数も十分にそろえましょう。
- 割りばしは、子どもの手の大きさに合わせて、少し切って短くすると使いやすくなります。
- 割りばしやピンセットを持ったまま歩き回らないことを、あそぶ前に約束してから始め、あそんでいる様子から目を離さないよう気をつけましょう。

つもり・ごっこ

つもり
出窓付き段ボールの家

0歳児 1歳児 2歳児

窓を一工夫して

定番のおうちも窓の作り方によってあそびが広がります。出窓タイプにして、開いた窓にごちそうやお店屋さんの商品に見立てた物などを載せて、つもりあそびの世界を広げていきましょう。テイクアウトの店や薬屋さん、ドライブスルーの店などに見立てて楽しめるよう、保育者も加わってあそびます。

準備
★冷蔵庫が入っていたような大きくて丈夫な段ボール箱
★カッター
★カラーガムテープ
★ひも　★目打ち

作り方

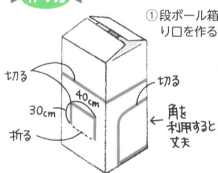

①段ボール箱を適当な高さに切り、入り口を作る。角を利用すると丈夫。

②高さ30cm、幅40cmの窓を作るが、一辺だけ切らずに残す。

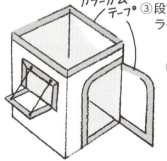

③段ボール箱の切り口をそれぞれカラーガムテープで覆う。

④出窓部分と窓枠、それぞれに目打ちで穴を開けて、ひもを結び付け、つるす。

プラスポイント

・窓を大きくしすぎると、身を乗り出したり、品物を並べすぎて家全体が傾いたりするので、バランスに気をつけましょう。
・自己主張がぶつかってトラブルが起きやすい時期なので、あえて屋根は作らず、上から子どもたちの様子を見られるようにしておくといいでしょう。

再現 洗濯あそび

つもり・ごっこ

夏のあそびの定番

プールあそびの導入としても楽しめる再現あそびです。自然と水に親しむことができます。洗うだけではなく、干して、畳むところまで、洗濯の一連のプロセスを楽しみましょう。

準備
★ベビーバス、またはたらい（洗濯用とすすぎ用） ★せっけん ★ミニタオルやTシャツなど ★洗濯ばさみ ★ひも

洗濯用のベビーバス、またはたらいに水を入れ、ミニタオルやTシャツなどにせっけんをつけて、もみながら洗います。

↓

すすぎ用のベビーバス、またはたらいできれいに泡を流し、絞ります。

↓

子どもの手が届く高さにひもを渡し、洗った物を洗濯ばさみで留めます。

↓

午睡後、乾いていることを確かめて取り込み、室内で畳みます。

プラスポイント

・導入として、「せんたくかあちゃん」の絵本がオススメ。絵本の中のせんたくかあちゃんになりきって、大はりきり。

「せんたくかあちゃん」（作・絵／さとうわきこ 福音館書店）

・絞るといっても、まだ洗濯物をわしづかみにする感じです。子どもの同意を得た後、保育者が手を添えて、もう一度、一緒に絞るぎゅ〜といいでしょう。

・指先の力は個人差があります。大小の洗濯ばさみを用意して、子どもが自分で留められるように配慮します。

病院ごっこ

小道具でなりきり度アップ！

　体験したことを再現するあそびとして、病院ごっこは人気のあそびです。部屋の一角に、診察室と待合室を作って、病院ごっこのスペースを確保しましょう。診察室と待合室を段ボール板やパーテーションで仕切ると、雰囲気もぐんとアップ。保育者も加わって、「○○したらどうかな」「○○はどうする？」など、あそびが展開するようなヒントを出していきましょう。

準備
- ★厚紙で作った診察券と体温計
- ★包帯に見立てた短い布
- ★色水で作った水薬
- ★果物に使われるパッキングネット
- ★仕切り

A 診察券
名刺大に切った厚紙で作る。透明粘着シート（ブックカバー）で覆っておくと丈夫。

B 体温計
厚紙を体温計の形に切って、体温表示の部分に色紙をはる。

C 包帯
短く切った布は包帯のつもり。

D 水薬のボトル
小さめのペットボトルに色水を入れ、開けられないようにふたの上からビニールテープを巻く。

E ネット
果物などを保護しているパッキングネット。

変わりかくれんぼ

新聞紙を使ってかくれんぼをアレンジ

　まずは、みんなで新聞紙をビリビリと破き、部屋一面に広げます。保育者の「ミミズさん、どこかな?」「ダンゴムシもいるかな?」の声かけに、虫になってごそごそ、もぞもぞと新聞紙の中に隠れる子どもたち。顔だけ出す子もいれば、「ジャーン」と飛び出す子もいるし、丸くなってじっと保育者が見つけるのを待つ子もいます。
　「○○ちゃん、見〜つけた!」と、子どもの名前を呼びながら、保育者が順に見つけていきます。

 プラスポイント

- 子どもの様子に応じたかかわりを工夫しながら、見つけてもらう楽しさや、友達と一緒にあそぶ楽しさを感じられるようにしましょう。
- 園庭や散歩先での虫探しがブームになっていたことから発展したあそびの例です。虫に限らず、子どもたちとのやり取りの中で、盛り上がる素材を見つけてつないでいきましょう。
- 新聞紙を破かずに、そのまま広げて隠れるのも楽しいです。

 つもり・ごっこ / ごっこ

劇ごっこ「のせて のせて」

人気の絵本を使って

　子どもたちに人気の絵本を題材にした劇あそびは、発表会にもぴったりです。箱積み木や紙パックの積み木を車に見立てて、みんなでまたがって座ります。保育者は、子どもと向かい合う格好で1人、ほかの保育者は子どもの様子に応じてそばにつきます。

　うさぎ、くま、ねずみが、「ストップ！　のせて　のせて」と手を挙げるところで、保育者が手を挙げると、子どもたちもまねをして手を挙げます。また、「ブブー　ブブー」に合わせて体を前後に動かすなど、絵本を読むような調子で進めましょう。

✿ プラスポイント

- カラー帽子に、登場する動物たちの目や耳を付ければ、かわいい帽子形のお面ができます。

のせて　のせて
(作／松谷みよ子
絵／東光寺啓
童心社)

 追いかけあそび

クモになって

8本の足を持つクモにふんした保育者が、「こしょこしょこしょ」と子どもたちをくすぐろうと、追いかけます。

ウサギになって

オニはウサギになって、ぴょんぴょんとジャンプしながら追いかけます。高月齢児になると、保育者のまねをして、ジャンプしながら逃げるようになり、走って逃げる待て待てあそびとは一味違ったおもしろさがあります。

✿ プラスポイント

・「クモになって」は、幼児クラスがあそぶ「クモオニ」というオニごっこからヒントを得たあそびです。「クモオニ」では、クモにふんしたオニが、独特の動きで子どもたちを追いかけ、足を伸ばしてタッチします。

つもり

バスに乗ろう

つもり・ごっこ

友達と一緒に

友達と一緒にあそぶことが楽しくなってきた時期にぴったりのあそびです。箱積み木や大型積み木、いすなどを並べて、バスにみたててあそびましょう。保育者は「バスが出発するよー」と声をかけたり、「バスにのって」を歌いはじめたりして、子どもたちがイメージを重ねやすいように配慮しながら見守ります。

やり取りを楽しんで 2歳児向き

歌詞の「♪ゆうえんち」を「♪どうぶつえん」や「♪〇〇えき」など、子どもたちになじみのある場所に替えて、つもりの世界を広げていきます。保育者が「どこに行こうかな？」と問いかけ、子どもたちが答えるというやり取りにすると盛り上がります。

バスにのって　作詞・作曲／二本松はじめ

運動会ごっこ

つもり・ごっこ

3・4・5歳児の運動会プログラムを体験

運動会を終えた後、3・4・5歳児クラスを訪問して、運動会プログラムのダンスや大型遊具の種目を再現。大型遊具を使った種目では、2歳児用に少し難易度を下げて、お兄さんやお姉さんの運動会の雰囲気を体験できるように援助しましょう。

3歳児にダンスレッスン

2歳児のダンスを3歳児と一緒に楽しむあそびです。踊ったことがない3歳児に2歳児が一生懸命教えるほほえましい姿に出合えます。

✽ プラスポイント

・運動会を終えた後も、子どもたちの「運動会ムード」はしばらく続きます。そんな子どもたちの思いに応えて、異年齢で楽しみましょう。
・担任間の連携がポイントになります。事前に何をやるか話し合ったり、グループに分けて担当を決めたりして、子どもたちが「できた」という達成感を味わえるよう配慮しましょう。

つもり・ごっこ

なりきり「がらがらどん」あそび

「三びきのやぎのがらがらどん」を題材にして

「三びきのやぎのがらがらどん」に登場するトロルとがらがらどんのやり取りを楽しみます。トロル役には保育者がなり、別の保育者が子どもたちと一緒に動きます。みんなで同じ動きをすることで、共通のイメージをもちやすくなり、盛り上がります。同じ場面の繰り返しですが、子どもたちは大喜びです。

トロル役の保育者
おれさまの橋を渡るのはだれだ

小さいやぎのがらがらどん

中くらいのやぎのがらがらどん

大きいやぎのがらがらどん

◀ ギャロップは、保育者がして見せて、子どもはまねて楽しむ。できていなくてもOK。雰囲気を楽しみたい。

三びきのやぎのがらがらどん
(絵／マーシャ・ブラウン　訳／瀬田貞二　福音館書店)

✳ プラスポイント

・ごっこあそびでする前に、ギャロップの動きを楽しむ機会を作るといいでしょう。

環境アイディア

- 紙パック
- 布
- 紙しん
- ホース
- 身の回りの素材や道具
- アズキ
- 紙
- 写真
- ビニールシート

環境

紙パック
安心スペース「いろり」

0歳児 1歳児 2歳児

使い方いろいろ

紙パックを組み合わせて作るシンプルな四角い枠は、発達や子どもによって、使い方もさまざまです。またいで出入りを楽しむ子がいれば、人形を持ち込んで友達とおうちごっこを楽しむ子もいます。囲まれたスペースに自分の居場所を見つけてほっと安心する子もいます。

準備
★紙パック　★布ガムテープ
★新聞紙　★布　★木工用接着剤

▶作り方

① 紙パックの中に折り畳んだ紙パックをぎっしり詰める。

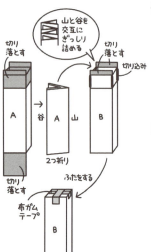

② いろりの縦と横をそれぞれ図のように積んで、布ガムテープで留める。

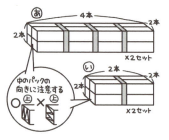

③ ②に新聞紙をはって、乾かす。上面がわかるように印をつけておくとよい。図のように組み立て、木工用接着剤、布ガムテープで固定し、布をはる。

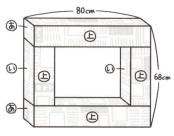

紙パック L字ブロック

環境

押したり、くぐったり

片面が紙パック1本分の幅なのでつかみやすく、また、軽めに作るので子どもにも扱いやすいです。座ったり、背もたれをつかんで押して歩いたり、ひっくり返してトンネルにしたり、いろいろな物に見立ててあそびます。

準備
★紙パック26本　★新聞紙26枚　★布ガムテープ　★目打ち　★布　★木工用接着剤
★透明粘着シート（ブックカバー）

▶作り方◀

① 13本の紙パックに新聞紙を2枚ずつ丸めて詰め、それぞれ別の紙パックを上からかぶせる。

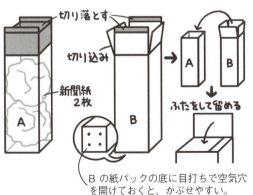

Bの紙パックの底に目打ちで空気穴を開けておくと、かぶせやすい。

② 図のように組み立てる。

③ 全体に木工用接着剤を塗って布をはり、透明粘着シート（ブックカバー）で覆う。

紙パック 積み木

環境

3種類の形で

紙パックの積み木は素材が集めやすいので、たくさん作ることができます。中身をしっかり詰めて、ほどよい重量の積み木にすることで、積んだり、並べたりする操作も安定します。

準備
★紙パック　★新聞紙　★布ガムテープ　★布　★木工用接着剤

作り方

正方形タイプ

① 切り込みを入れる
② 中へ折り込む
③ ほかの紙パックをじゃばらに折り畳む
④ ③を詰める
⑤ 残りの1面でふたをし、布ガムテープで留めて、木工用接着剤で布をはる

7cm

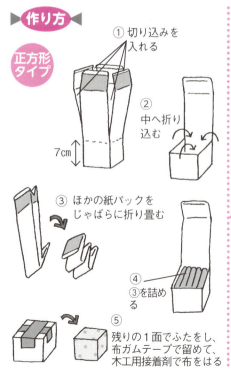

細長いタイプ

① 斜線部を切り落とす
② 別の紙パック　斜線部を切り落とす　畳む
③ ①に②の折り畳んだ紙パックを詰める
④ ふたをして布ガムテープで留める
⑤ 木工用接着剤で布をはる

布

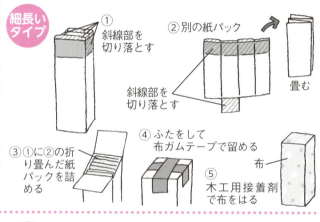

三角形タイプ

① 切り開いて、1面分を切り落とす
② 三角形に合わせて両側を切る

三角形も作り余分な部分は切り落とす

新聞紙を詰め、布をはって仕上げる

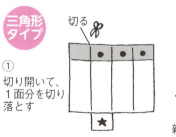 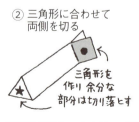

布 わくわくスペース作り

あそび方はいろいろ

こっそり隠れる場所はどの子も大好きです。押し入れの下段に透ける布のカーテンを取り付けて、わくわくするスペースを作りましょう。あそび方はいろいろ。小道具を加えたり、保育者も一緒に楽しんだりして、あそびを広げていきましょう。

いない いない ばあ

保育者が「いない いない」と声をかけると、子どもたちが「ばあ」と顔を出します。一味違った「いない いない ばあ」あそびです。

おうちごっこ

ままごとのおもちゃを持ち込んでおうちごっこを楽しみます。

かくれんぼ

隠れているつもりの子どもたちと言葉のやり取りを楽しみます。

準備
- ★カフェカーテン、または透ける布
- ★突っ張り棒
- ★糸と針

作り方

①カフェカーテンなら上部の通し穴に、透ける布を使う場合は上を輪にして縫い、突っ張り棒を通す。

②押し入れの下段に取り付ける。

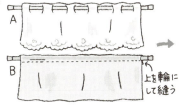
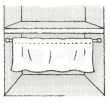

環境

布 一人あそび用マット

 0歳児 1歳児 2歳児

落ち着いてあそべるスペース作りに

手先のあそびなど、一人あそびのときに「ここは○○ちゃんの場所ね」と声をかけて、キルティングの布で作ったマットを敷きましょう。居場所を作ることで、集中してじっくりとあそぶことができます。

準備
- ★キルティングの布（60〜65cm四方の物）
- ★同系色のバイアステープ（キルティングの布の周囲を覆う）

プラスポイント

- おむつ替えやトイレに行くときなど、あそびを中断する場合、自分の場所があると安心しておもちゃを置いていくことができます。
- 周りの保育者も、あそんでいる途中のおもちゃとわかるので、対応の間違いを防ぐことができます。

布 外あそび用マット

一休みしたいときに

　ブルーシートの上に、普段保育室で使っているキルティングの布などを敷きます。ちょっと座りたいときやみんなで手あそびを楽しみたいときなどに、普段から見慣れているマットを使うことで、リラックスして過ごせるスペースになります。ブルーシートの上に敷くと滑りやすいので、マットの裏に滑り止めをはるなど、安全面に注意しましょう。

✲ プラスポイント

・探索あそびを楽しみたい子、ちょっと休みたい子など、一人一人の要求にこたえられるよう、保育者の役割分担をあらかじめ話し合っておくといいでしょう。

布&紙しん
小さなおもちゃ

0歳児 1歳児 2歳児

環境

シュシュをおもちゃに

ヘアアクセサリーのシュシュも、子どもたちにかかれば楽しいおもちゃです。手や足にはめて、感触を楽しんだり、はめ外しを繰り返したり、発達によっていろいろな楽しみ方ができます。市販のシュシュは、飾りが付いていたり、洗濯すると色落ちしたりする場合があるので、できれば、手作りが望ましいです。

▶準備◀
★布（40×10cm） ★平ゴム（0.5〜0.6×20〜25cm） ★糸と針

▶作り方◀

① 布を中表に合わせ、輪にして端を縫い合わせる。

② 表に返して、半分に折る。

③ 端を折り込みながら、縫い合わせていく。ゴムの入り口を残す。

④ ゴムを入れて結び、口を閉じる。

ガムテープの紙しんで

ガムテープのしんでいろいろなあそびが生まれます。しんの周りや内側を布やフェルトで覆うときれいです。

積み木のように
積み上げてあそびます。

ボールのように
転がしてあそびます。

ままごとで
お皿にしてあそびます。

布&ホース
お出掛けあそびグッズ

環境

「いってきます」を盛り上げて

お出掛けあそび用の棚を作り、グッズごとに箱やかごに入れておきます。子どもたちは銘々に、人形をおんぶしたり、バッグを持って帽子をかぶって、出掛けたりしてあそびます。

準備

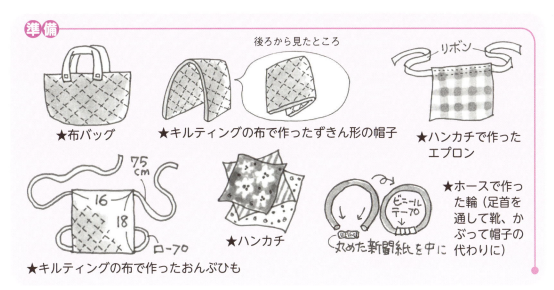

★布バッグ

後ろから見たところ
★キルティングの布で作ったずきん形の帽子

リボン
★ハンカチで作ったエプロン

75cm / 16 / 18 / ロー70
★キルティングの布で作ったおんぶひも

★ハンカチ

ビニールテープ70
丸めた新聞紙を中に
★ホースで作った輪（足首を通して靴、かぶって帽子の代わりに）

プラスポイント

・友達のあそびが気になって、同じようにしてみたい時期です。簡単に作れる物に限定して、数を十分に用意しましょう。

身の回りの素材や道具
ままごとグッズ

環境

ままごとあそびに大活躍のキッチン

再現あそびが大好きな時期に用意したい小道具です。本物らしい素材や道具を使うことで、子ども同士が共通のイメージをもちやすくなります。片側のふたは紙や布で覆わずにおくと、内側からの修理や補強をしやすく便利です。覆っていない部分は、壁に付けて設置すれば、見た目も気になりません。

準備

- ★段ボール箱　★スポンジ置き　★台所用スポンジ　★洗面器　★コルク製のなべ敷き
- ★サプリメント容器などの浅いふた　★ハンドソープの空き容器
- ★ひも　★布ガムテープ　★紙、または布　★多用途接着剤　★目打ち

作り方

① ふたの部分を残して、段ボール箱の周りを紙や布で覆う。

② Ⓐ～Ⓓを固定する。

Ⓐ スポンジ置き
ひもで段ボール箱に固定する。

Ⓑ 洗面器
段ボール箱に穴を開け、はめ込む。

Ⓒ なべ敷き
多用途接着剤で付ける。

Ⓓ サプリメント容器などのふた
ふたに目打ちで穴を開けて、ひもを通し、段ボール箱に固定する。
＊ペットボトルのふたでもOK。

③ 台所用スポンジとハンドソープの空き容器を設置する。

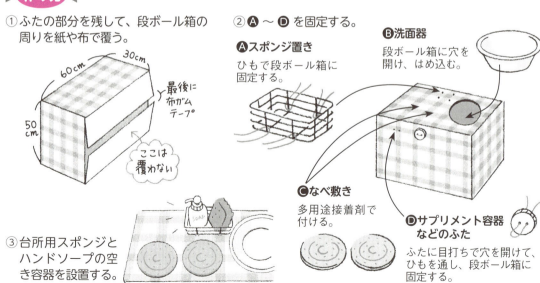

環境

思い思いに見立てる布玉

いろいろな物に見立てられるので、ままごとで大活躍。色や形、大きさを変えてたくさん作りましょう。スプーンやレンゲですくったり、弁当箱に詰めたりしてあそびます。

準備
★布（Tシャツや肌着の生地がオススメ）
★糸と針　★綿

作り方

俵型

せんべい型

綿を入れる口を残して、中表に縫い合わせる。表に返して綿を適量入れて、縫い留める。

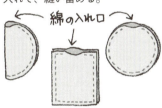

丸型（5cm大の場合）

① 布の縁を縫う。
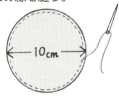

② 綿を載せる。

③ 糸を絞る。

④ 縫い代を内側に入れ込むようにして、絞った糸を縫い留める。

⑤ 大きさが違う物を2つ重ねてもおもしろい。
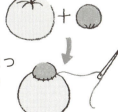

布＆アズキ お手玉

環境

ほどよい重さが魅力

お手玉を頭の上に載せて、ぽっとんと落としてあそんでみましょう。落ちるのがおもしろく、繰り返し楽しみます。形や中身を替えると、持ったときの感触や、落としたときの音が違います。いろいろ作ってあそんでみましょう。

準備
★布　★糸と針　★ペレット、アズキ、コメなど

作り方

丸型
① 布を中表にして2枚合わせ、返し口を2～3cmくらい残して周りを縫う。
② 表に返して、ペレットなどを入れ、返し口を縫い閉じる。

俵型
① 中表にして半分に折り、わきを縫う。
② 袋になるよう下の部分を縫って、糸を絞る。
③ 表に返して、ペレットなどを入れ、上の部分も縫い、糸を絞る。このとき、口を内側に入れ込み、最後に縫いとじる。

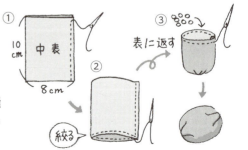

紙&写真
友達絵本

環境

世界に1冊のオリジナル絵本

友達への関心が強くなってくる時期にぴったりの絵本アイディアです。繰り返し楽しめるよう、しっかり作っておきましょう。

準備
- ★板目紙　★透明粘着シート（ブックカバー）　★紙用のハトメ
- ★子どもたち一人一人の顔写真　★色画用紙　★太めのヘアゴム　★のり

作り方

①板目紙を直径12〜13cmの円形に切る（クラスの人数分＋1枚）。

②写真を①の大きさに合わせて切ってはる。とじたときに、右に顔写真、左にその子のマークになるようにする。マークは色画用紙で作ってはる。

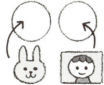

③②をブックカバーで覆う。

④③に穴を2か所開けて、ハトメで穴を補強する。

⑤すべて作り終えた後、ヘアゴムを穴に通し、とじる。

✿ プラスポイント
- とじるとき、本の開き具合を見ながらヘアゴムを結びましょう。
- 板目紙に色画用紙をはって作ると、見た目もきれいです。
- 表紙は自由に作ります。

身の回りの素材
絵本収納

環境

壁掛けタイプ

子どもの手が届く高さにつり下げ、絵本やおもちゃを入れておきましょう。子どもが自由に出し入れします。

準備
- ★厚手の布(適宜の大きさ)
- ★ファスナー付きの洗濯ネット(数枚)
- ★バイアステープ
- ★玉付き棒　★綿ロープ
- ★糸と針

作り方

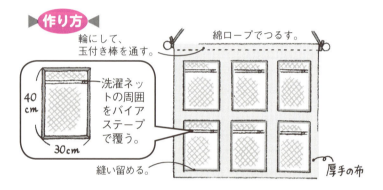

床置きタイプ

子どもたちの好きな絵本や季節に合った絵本を選んで、表紙が見えるように並べます。本箱の横に、ベンチや大きめのクッションを置いたり、カーペットを敷いたりして、絵本コーナーにします。

準備
- ★段ボール箱
- ★ブックスタンド
- ★画用紙
- ★のり
- ★包装紙
- ★ガムテープ(できれば、柄つき)

作り方

①段ボール箱を斜めに切る。

②箱の内側に画用紙、外側に包装紙をはる。箱の切り口をガムテープで覆う。

③箱の中にブックスタンドを置き、ガムテープでしっかり固定する。

紙パック&ビニールシート
簡単プール

環境

大きな水たまり

少しずつ水の感触を楽しんでいける即席プールです。ビニールシートの上に水をためて、あそびます。低月齢児では、先に手を入れて水の感触を楽しんだ後、徐々に入ってあそぶ子もいます。枠があるので、テラスのようなフラットな場所で、気軽にプールあそびの雰囲気を楽しめます。

準備
★紙パック　★布ガムテープ　★ビニールシート

作り方

① 紙パック（図B）の中に、折り畳んだ紙パック（図A）をぎっしり詰める。新聞紙を詰めてもよい。

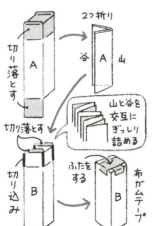

② 図のように紙パック4本を1セットにして、布ガムテープで留める。

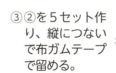

③ ②を5セット作り、縦につないで布ガムテープで留める。

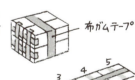

④ ③を4つ作り、四角に並べ、上からビニールシートを掛ける。

＊四隅を固定する必要はありません。

身の回りの素材

プールあそびの簡単おもちゃ

環境

小さなプールからOK

ホースで作るフープです。大きさの違う物を作ると、いろいろなあそびに広がります。

準備
- ★透明のホース　★ビニールテープ　★モール
- ★ビーズ　★スパンコール

作り方

①ホースを適当な長さに切り、中にモールやビーズ、スパンコールなどを入れる。

②別の短いホースを縦に切れめを入れ、①のホースの両端に差し込む。

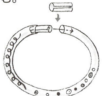

③ビニールテープでしっかりと留める。

大きなプールで

コメ袋のような厚手のポリ袋は、浮き袋としてあそべます。プールに浮かべ、上に乗ったり、またがったりしてあそびます。

作り方

ポリ袋を膨らませ、口を輪ゴムでしっかり縛る。袋を二重にすると丈夫。

準備
- ★厚手の大きめのポリ袋（例：コメ袋）
- ★太めの輪ゴム

生活

- 排せつ
- 食事
- 着脱
- 睡眠

生活 — 排せつ
おむつ交換コーナー

0歳児 1歳児 2歳児

安心できる場作り

　おむつ交換を落ち着いた雰囲気で行えるよう、視界を遮る仕切りを作って、おむつ交換コーナーを作りましょう。おむつ交換時に簡単なふれあいあそびなどをするときも、落ち着いて1対1のやり取りを楽しめます。

　仕切りを使えば、どこでもおむつ交換コーナーに早変わりですが、決まった場所で排せつする習慣の土台を作る視点から、おむつ交換の場所は定めておきます。

▶準備◀
- ★段ボール板
- ★布
- ★木工用接着剤
- ★布ガムテープ

▶作り方◀
① 段ボール板を図のような大きさに切る。
② 角やへりを布ガムテープで補強し、木工用接着剤で周りに布をはる。

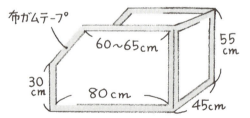

✿ プラスポイント

- おむつ交換マットを敷いて使いますが、マットの上に個別のシートなどを敷くようにしましょう。
- 段ボール板を何枚か重ねて補強するとしっかりします。ベニヤ板を使えば、さらに丈夫です。
- 子どもの頭上辺りにくるように天井からおもちゃをつり下げておくと、子どもがあおむけ姿勢のままでいるので、交換がスムーズです。

食事
安定した姿勢のススメ

一人で座れるようになるまで

　離乳食開始時期から、一人でしっかりと座れるようになるころまで、担当保育者がひざの上に子どもを抱いて食べさせることで、子どもがいすやテーブルなどに寄りかからずに座る姿勢を身につけやすくなります。また、保育者も無理のない姿勢で食事の介助をすることができます。

＊子どもの1日の生活リズムや体力など、一人一人の様子に応じて食事時間を決める担当制保育が前提となります。

具体的なポイント

①子どもがテーブルに対して正面になるように、保育者はやや斜めに座る。いすは背もたれ付きを使用する。

②腰が安定するように、子どもの背中を保育者が上半身で支えるように座る。

③利き手ではないほうの腕は子どもの腰に添えるようにして、子どもの両手がいつも自由になるように抱く。

④足の裏はしっかり床につける。つかない場合は台などを置く。

⑤いすの高さは45cm前後、テーブルの高さは70cm前後が目安。

食事
はじめてのクッキング

プレ・クッキング 「給食の食材にふれる」

おやつの後、翌日の給食で使う野菜などの食材にふれる機会を作ります。例えば、タマネギの皮むき、マメのさや出し、キノコやハクサイをちぎるのも、子どもたちは大好き。翌日の給食時に、自分たちがふれていた食材を見つけ、「昨日むいたタマネギだね」「○○ちゃんがむいたからおいしいよ」と会話を楽しみます。普段なら苦手で嫌がるような食材もぱくり！

調理室と連携して、翌日に使う野菜を並べておき、抱えたり、触ったり、においをかいだりする機会を作るのもオススメ。

簡単クッキング1 「ピザのトッピング」

事前に、クラスだよりで、エプロンと三角巾の用意と、つめを短く切ってもらうことを知らせておきます。当日は、3〜4人ごとに分かれ、ピザの生地にウインナーとピーマンを載せ、最後にチーズをトッピング。昼食で、出来上がったピザを見た子どもたちは大喜び。「自分たちがかかわった物」を食べる喜びが味わえる活動です。1歳児後半から楽しめます。

生活

簡単クッキング2 「ごますりクッキング」

ごまをするときの音やにおいなど、五感を刺激する簡単クッキング。食事の直前に行い、そのまま給食に入れると、普段は野菜を食べたがらない子も喜んで食べます。2歳児向き。

準備
- ★すり鉢とすりこぎ（4～5人に1セット）
- ★いりごま　★ゆで野菜
- ★ボウル　★調味料
- ★菜ばし

手順

①すり鉢にいりごまを入れた後、まずは保育者が「おいしくなあれ」と言いながら、すりこぎを持って、する様子を見せる。

②保育者のまねをして、1人が2～3回ずつごまをする。

③ゆで野菜を入れたボウルに、すり終えたごまと調味料を入れ、保育者が混ぜて仕上げる。

食事
シール付きスプーン

調理室発信のサポートアイディア

　スプーンを三指持ちあるいは、鉛筆持ちと呼ばれる持ち方で使うとき、スプーンのどの辺りに親指を添えればいいのか、その位置をシールで示したスプーンです。保育者の話を聞いて、調理室から提案されました。

　シールは、子どもの親指で隠れる程度の大きさなので、例えば、「お星さま、隠れるかな」と、親指の当て方を伝えましょう。楽しみながら繰り返すことで、スプーンを持つ位置が自然に定まってきます。安定して持っている子も、シール付きのスプーンで持ちたがるので、使うときは一斉に取り入れるといいでしょう。

準備
★子どもの親指で隠れる程度の大きさのシール人数分
★耐熱性の透明粘着テープ
★スプーン

はり方

① スプーンの柄の中ほど辺り、親指を当てる位置に小さなシールをはる。シールの形はなんでもいいが、車や星など子どもが親近感をもてるような物がオススメ。

② シールをテープで覆う。繰り返し使えるよう、重ねて覆っておくとよい。

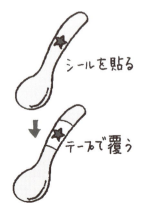

脱ぎ着の手順ガイド

自分で「おんなじ！」と確認

　衣服の着脱を「じぶんでやりたい」と思う子どもが、その手順を自分で確認することができるアイディアです。例えば、トレーナーの脱ぎ方や着方のイラストを模造紙大の紙にかいて、子どもの目に留まりやすい所にはっておきます。脱ぎ着の途中で「おんなじ！」と子ども自身が確認できるよう、言葉をかけていきましょう。

 プラスポイント

・保育者によって、手順が違うと、子どもが混乱してしまいます。掲示と同じ手順で援助するように確認し合いましょう。

例）トレーナーの着方

①頭を入れる。　　②片腕を通す。　　③もう一方の腕を通す。　　④腰まで下ろす。

睡眠　汗っかき対策

ガーゼのハンカチを活用

眠っている間、背中と衣服の間にガーゼのハンカチを挟みます。汗をかいたら、抜き取って新しい物と取り替えましょう。これだけで、不快感が和らぎます。

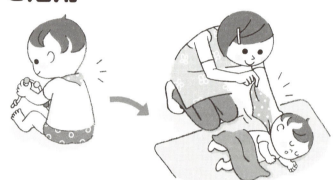

大人用のタオルケットで

大人用のタオルケットが敷き布団代わりに使えます。保護者に用途と作り方を伝えて、協力をお願いしましょう。洗濯できるので、清潔な睡眠環境をととのえられます。

タオルケットを4つに折り、端を縫う。

保護者支援

- コミュニケーション
- 成長
- 発達

保護者支援

コミュニケーション
24時間サイクルの連絡帳

子どもの24時間がわかる記入の工夫

園と家庭とで1日をどう過ごしているのか、保育者、保護者が互いに確認し合い、一緒に育てていくための1冊です。0歳児はもちろんですが、2歳児まで同じ書式で記録して、まとめていくことで、育っていく様子を振り返ることができる育児日記にもなります。

書式のポイント　P.123の具体例に付けている丸数字と対応しています。

① 睡眠時間は斜線で記入する。何分から何分までかという詳細も記入する。
② 便の時間と状態を略号で記入。普＝普通便　　下＝下痢便　　軟＝軟便　　硬＝硬便
③ 体温は体調によってはこまめに測ることもあるので、欄は少し大きめにする。

読むときのポイント　P.123の具体例に付けている大文字のアルファベットと対応しています。

(A) 家庭からの記入を参考に、その日の園での食事やミルクの時間を変更することもある。
(B) 残したり、体調が悪かったりしたときは食材や量を細かく書いてもらう。
(C) 忙しいと毎日シャワーだけで済ませるなど、家庭の状況が見えてくるので、見落とさず確認する。
(D) 薬の服用や、病院の受診、予防接種を受けたときなどは、体調に変化が見られることがあるので、必ず記入してもらう。

書くときのポイント　P.123の具体例に付けている小文字のアルファベットと対応しています。

(a) 保護者からの質問は、内容によって、記入ではなく、直接話をする場合もある。
(b) あそびの様子など、具体的に書く。
(c) 否定的な言葉で終わらないよう、気をつける。

保護者支援 0歳児 1歳児 2歳児

▶ **具体例** ◀　サイズ＝ A5 判

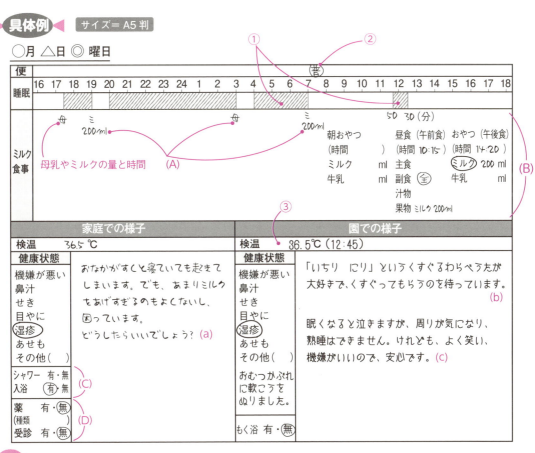

✱ プラスポイント

・丈夫な厚紙で表紙を作り、リングでとじた物を連絡帳として使います。常に3か月分くらいをとじ、外した分は園で保管して、進級時に保護者に返します。

成長 靴選びのポイント

保護者支援

大事なポイントをわかりやすく

見た目で選んでしまいがちな靴について、靴選びの大事なポイントをクラスだよりや掲示板で伝えましょう。

足の甲
子どもの甲の高さに合わせて調節できるよう、面ファスナーが付いている物を選びましょう。

かかと
足首を包み込む深さがあり、足がしっかり固定されているかどうかチェックしましょう。

つま先
実際に履いてみて、指が伸びる余裕がある大きさを選びます。子どもは、足の指で地面をつかむようにして歩くので、指を動かせるゆとりが必要です。

靴底
地面からの衝撃を緩和して足を守るクッション性があるかどうかチェックしましょう。ただし、厚すぎる靴底は要注意です。

こんなことにも気をつけて

★ **お古は気をつけて**
かかとがすり減っていたり、面ファスナーが弱くなっていたりすることがあります。お古の靴は、できれば避けたほうがいいでしょう。

★ **こまめなチェックを**
子どもの足は、どんどん成長します。買うときだけでなく、こまめにチェックを行いましょう。

発達
かみつき・ひっかきの解説文例

保護者支援

保護者に渡す資料例

かみつきやひっかきだけを取り上げるのではなく、子どもの内面や3歳ころまでの発達を踏まえた説明をして、保護者が先の見通しをもてるように支援しましょう。子どもの言葉で解説すると、思いを理解し、寄り添いやすくなります。

 1歳半ころ 「しってる！」と感じられる物が少しずつ増えていく

「さんぽ」と聞くと、どういうことかイメージできるようになるんだ。

指さしをいっぱいするよ。一緒に「いたね」と、目を見て言ってほしいな。

だれでもない「自分」を意識する

自分で決めて、動きたいから、「イヤイヤ」をいっぱいするよ。けんかも多くなっちゃうのは、自分の物や場所を強く意識するからなんだ。

同じおもちゃじゃダメ！それがいいんだもん。
この場所は、僕の所なの。来ないで。

解説
子どもが意識し始めた「だれでもない自分」を「自我」と呼びます。そして、自分はすごいと感じる自我こそ、大切に守り育てていきたい人格の核心部分です。「イヤイヤ」で困ったら、少し時間をおいてみてください。「わかったよ」「いいよ」と言い、受け止めることが大事です。また、事前に次の予定を伝えておくのも○。自分の意思で動いたという感覚がもてます。

2歳 自我の拡大

わたしって、すごいでしょ？

3歳 自我の充実

「イヤイヤ」は格好いいことじゃないって、わかっちゃった。

コミュニケーション
保護者会メニュー

保護者支援

はじめての保護者会で

年度初めの保護者会は、自己紹介を工夫して、保護者同士が知り合うきっかけを作りましょう。保育者にとっても、それぞれの子育てへの思いや、家庭の状況などを知るいい機会となります。特に０歳児の保護者会に有効です。

▶ **進 行** ◀
- 緊張しないように、自己紹介のテーマと簡単な具体例を事前に知らせておく。
- 一人あたりの時間（目安は１分程度）をあらかじめ知らせておく。長いときは、さりげなく知らせて調整し、不公平感が残らないように配慮する。

❋ **プラスポイント**

・だれもがあまり考え込まずに話せるようなテーマにします。

例

思い出の歌
保護者が小さいとき歌ってもらった子守歌や、好きだった歌など。

子どもへの願い
こんな大人になってほしい、または、こんな職業についてほしいなど。

> 話すのが苦手な保護者もいます。様子を見ながら、さりげなくフォローしましょう。

保護者支援

最後の保護者会で

　1年を締めくくる最後の保護者会では、1年を振り返るような楽しいメニューを用意しましょう。親しみやすい内容にして、事前に知らせることで、参加率も高くなります。

「好きなおもちゃはどれでしょう？」

　子どもたちが普段楽しんであそんでいるおもちゃを並べ、我が子が好きな物を当ててもらいます。もちろん、それぞれの様子も伝えます。一人あそびが盛んになる0歳児の保護者向きのメニューです。1～2歳児なら、絵本に限定したり、お気に入りの散歩先を当ててもらっても楽しいです。

「我が子の手と足、わかりますか？」

　一人一人の子どものてのひらと足の裏の写真を撮り、保護者に当ててもらいます。「毎日見ているから、大丈夫」と自信満々だった保護者も、いざ、写真で見ると、「あれれ？」と迷ったり、何人もが同じ写真を指したりして、盛り上がります。

編著

「あそびと環境 0.1.2歳」指導計画チーム

＊

アイディア提供（五十音順）

あゆみ保育園（長野県上田市）
加賀保育園（東京都板橋区）
くほんじ保育園（熊本県熊本市）
けやきの木保育園（愛知県名古屋市）
下馬鳩ぽっぽ保育園（東京都世田谷区）
瀬川保育園（大阪府箕面市）
世田谷つくしんぼ保育園（東京都世田谷区）
富士市保育研究会（静岡県富士市）
南麻布保育園（東京都港区）

＊

STAFF

表紙・カバーデザイン・イラスト●長谷川由美
本文デザイン●荒井桂子
イラスト●有栖サチコ　石崎伸子　いとうみき　タカタカオリ
　　　　　とみたみはる　長谷川由美　町塚かおり
楽譜制作●石川ゆかり
編集制作●中村美也子　リボングラス（若尾さや子　森川比果里）
校正●草樹社　後藤知恵　学研校閲課